KB234806

사랑을 이루는

연애 풍수 인테리어

사랑을 이루는

연애 풍수 인테리어

사랑을 이루는 연애 풍수 인테리어

초판 1쇄 인쇄일 / 2005년 8월 5일
초판 1쇄 발행일 / 2005년 8월 10일

지은이 / 황종찬
펴낸이 / 문관하
펴낸곳 / 문원북

출판등록 / 1992. 12. 15. 제4-197호
주소 / 서울시 마포구 구수동 68-29 창성B/D 2층
전화 / 712-9847, 9865
팩스 / 712-9884
이메일 / mwbook@paran.com

ISBN 89-7461-168-6   03150
책값은 표지에 있습니다
* 잘못된 책은 구입처에서 바꾸어 드립니다

사랑을 이루는
연애 풍수
인테리어
황종찬 지음
문원북
BOOK

인연은 스스로 만드는 것이다

풍수에서는 연애운이나 결혼운, 즉 이성(異性)과의 관계에 대한 운을 도화운(桃花運)이라고 한다. 일반적으로 풍수에서는 건강운과 재물운, 그리고 아이들의 공부운 등을 중요시하지만 최근에 들어서는 그렇지만도 않다.

그 동안 필자에게 감정 부탁했던 일들을 통계내어 보니 연애나 결혼에 관해 궁금해하는 경향이 가장 많았다. 역시 인간의 근본인 짝을 찾는 문제가 대단히 소중하다는 사실을 새삼 깨닫게 된다.

이 도화운 중에서도 남성이 여성을 살피고 찾는 것을 바람기라고 표현하지만 여성 쪽에서 보면 연애나 결혼운이 좋지 않으면 인생의 절반이 걸린 문제이므로 연인이나 남편을 찾는 것은 그리 가벼이 여길 일만은 아니다. 그러므로 연애나 결혼운은 남녀 모두에게 적용되지만 이 책에서는 주로 여성을 대상으로 하여 집필하고자 한다.

남성에게 좋은 인상을 남기고 싶다면 복사꽃처럼 부드럽고 아름다워야 한다. 한마디로 눈에 띌 정도로 미인이어야 한다는 것이다. 그러나 이처럼 미인이 아니더라도 남성들로부터 호감을 얻는 여성들이 있다. 이 여성들의 공통점은 매력적이고 우아한 분위기를 가지고 있다는 것이다.

차갑고 쌀쌀하게 느껴지는 미인보다 부드러운 여성들이 남성으로부터 호감을 산다는 것이다. 일반적으로 경색된 태도가 아닌 유연하기 이를 데 없는 여성을 좋아한다. 그러므로 평상시에도 웃음짓고 싱글거리는 모습이 몸에 배어 있어야 한다.

결론은 한결같이 부드러운 웃음이 떠나지 않도록 매일매일의 생활에 마음을 기울이는 것이 소중하다. 이와 같은 마음가짐은 풍수에 있어서 기와 함께 상승 효과를 가져오게 하여 좋은 인연을 불러들이게 된다.

한마디로 행운은 다른 사람이 가져다주는 것이 아니라 자기 스스로 만드는 것이다. 그러므로 끊임없이 행운의 인연을 잡기 위해서는 자신을 성찰하고 마음의 지식을 쌓도록 해야 한다. 그리하여 인연을 놓치지 않도록 해야 한다.

2005년 7월 압구정동 사무실에서
황종찬

1장
연애 풍수의 기초

풍수란 무엇인가

누군가가 '풍수란 무엇인가?' 라고 묻는다면 얼른 대답하기가 어려울 것이다.

골똘히 생각한 후에야 기(氣, 만물이 가지고 있는 생기)의 힘을 이용한 환경학이라고 대답할 것이다. 우리는 종종 '환경이 운명을 결정한다' 라는 말을 들은 적이 있을 것이다. 이 환경의 기가 풍수이다. 왜냐하면 우주의 에너지라 할 수 있는 기를 컨트롤하여 환경을 만들기 때문이다. 그렇다면 이쯤에서 기가 과연 어떻게 만들어졌는지 궁금해질 것이다.

기는 풍수(風水)라는 두 글자에서 의미하듯이 바람(風)과 물(水)뿐만 아니라 빛(光)과 소리(音), 향기(香) 등 이 다섯 가지 개체가 모여서 만들어진다. 이 다섯 가지는 눈에 보이거나 혹은 보이지 않더라도 그 실체만은 인정되는 것들이다.

예를 들어 바람(風)의 경우 눈에 보이지 않아 확인하기는 어렵지만 누구나 그 실체는 인정한다. 향기와 소리 역시 이와 마찬가지이다. 이 다섯 가지의 실체가 합해지면 기가 된다고 할 수 있다. 다시 말해 이 다섯 가지 개체를 합한 것을 풍수라고 명명하게 된다.

자연 공간 속에서 살아가는 사람들은 이러한 다섯 가지 물질을 끊임없이 공급받고 있다. 이것들이 우리 인간이 살아가는 환경을 만들어 주고 있는 것이다. 다시 말해서 음(音), 향(香), 광(光), 풍(風), 수(水) 이 다섯 가지가 어우러져 우리 생명의 원천인 기를 낳는다고 할 수 있다. 빛이 있어서 곡식이 익고, 물이 있어서 나무가 자라며, 바람이 있어서 기온을 조절하고, 소리가 있어서 마음의 평정을 가져오며, 향기가 있어서 자연에 대한 감각을 활성화시킨다. 이 다섯 가지가 어우러져서 기가 되고 우주의 모든 생명에 있어서 활성화가 이루어지게 된다. 인간의 몸 속에도 이 기의 활성화가 있어서 생명의 강건을 부추긴다고 할 수 있다. 이 기가 적절히 안배되면 우리네 행불행(幸不幸)도 결정할 수 있다.

풍수가 탄생한 것은 지금부터 약 4,000여 년 전 중국에서 자연의 이치를 이용하여 사람의 삶의 근거인 집이나 도시를 발전시키므로서 시작되었다. 이 풍수가 우리나라에서 체계화된 것은 고려 말, 조선 초기 몸과 마음을 단련시키는 학문으로 확립된 것은 물론 조상의 무덤을 편안하게 하는 음택풍수와 주택을 올바르게 짓는 양택풍수로 나누어 시작하게 되었다.

음양과 오행의 균형을 이루는 것이 풍수

풍수의 기본은 음양(陰陽) 오행설(五行說)에 있다. 이를 쉽게 풀이하면 우주의 모든 만물은 목(木), 화(火), 토(土), 금(金), 수(水) 다섯 가지의 입자(粒子)로 이루어져 있어서 이 5개 중 어느 한 곳에는 반드시 속하게 된다는 것이다.

예를 들어 목(木)이라는 기를 가진 것은 풀이나 꽃, 나무, 솜(綿), 정보기기 등에 속하고, 화(火)는 플라스틱과 화학 섬유, 매운 먹거리(고추 같은 것)에 속하며, 토(土)는 토기, 질그릇, 전통적인 디자인(한복) 등에 속하고, 금(金)은 두말할 것 없이 귀금속, 보석, 돈 등이다. 수(水)는 레이스가 달려 있는 여성스러운 패션, 물, 한국 술 같은 것이다.

이렇게 모든 자연은 이 오행으로 분류되어 있다. 우리들 사람의 행동도 오행 중 하나에 속한다.

이 오행에는 상생상극(相生相剋)이라는 것이 있어서 서로가 서로를 좋아하여 운을 더 높여주는 것(相生)이 있는가 하면 서로 대립되어 운을 끌어내리게 하는 것(相剋)도 있다.

그러므로 풍수는 오행과 음양의 균형으로 사항을 판단해서 정리하여 개운을 유도하는 것이다.

음양을 알기 쉽게 나누어 비교해 보면 다음과 같다.

음양의 비교

음(陰)	여자	밤	죽음	땅	차가움(寒)	어둠(暗)
양(陽)	남자	낮	태어남	하늘	따뜻함(溫)	밝음(明)

오행과 음양 조절

기의 상생(相生)

목(木)—나무는 불에 탄다. 불은 나무를 연료로 하여 자신을 사르게 된다.

화(火)—타버린 불은 재가 된다. 탄 재는 다시 흙으로 중화시킨다.

토(土)—타버린 흙 속에서는 금속이나 광물을 다시 낳게 된다.

금(金)—금과 물이 합치게 되면 더욱 빛을 발하게 된다.

수(水)—나무는 물을 머금어 수목이나 꽃을 자라게 한다.

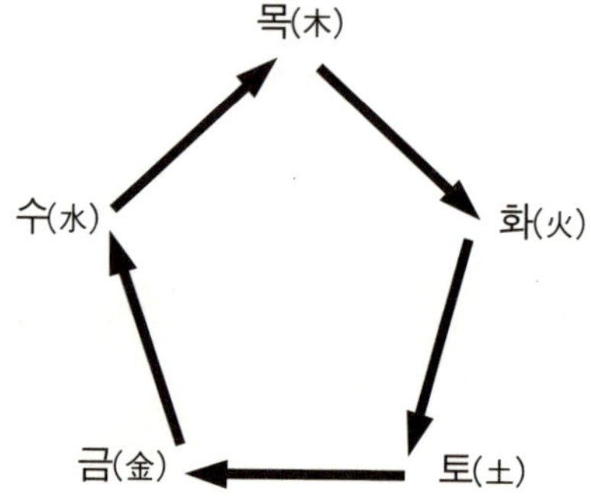

기의 상극(相剋)

목(木)—목은 토의 영양분을 흡수하므로 흙이 점차 메말라 산성화된다.

화(火)—불은 열로서 금(쇠)을 녹이게 되므로 상생에 좋지 않다.

토(土)—흙과 물이 섞이면 혼탁해지고 물이 오염되고 만다.

금(金)—금속인 쇠붙이로 나무를 찍어서 베게 되므로 좋지 않다.

수(水)—물은 불을 끄게 하므로 상극이다. 음양의 균형도 나쁘다.

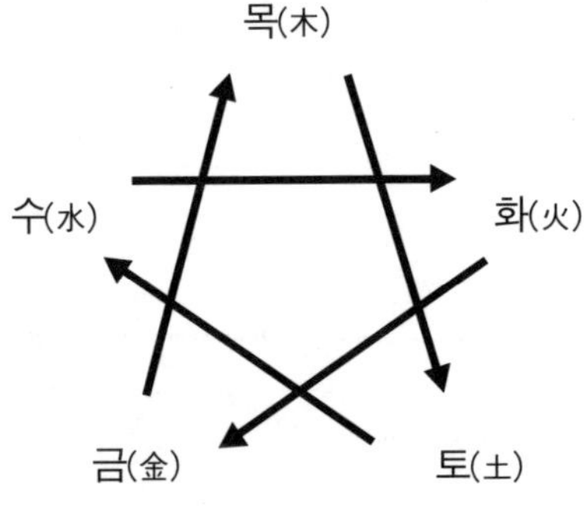

오행별 상징하는 운

오행을 이용할 때 맡아서 관리하는 운과 상징하는 의미가 있다.

오행(五行)	운기(運氣)	상징하는 도구
목(木)	일운, 발전운(정보, 원기, 인연, 연애, 결혼, 인간관계), 공부운	정보, 말, 음, 정보기기, 목재류, 코튼(면), 신 음식, 감귤 같은 과일, 젊은 행동, 유행하는 양복, 작은 물건, 유행하는 CD, 운동
화(火)	아름다운 운(미, 교양, 지혜, 센스, 미술, 기술, 문학), 사회적 운, 인기운	지위, 사회적 운, 직감력, 예술, 미(美), 이별, 플라스틱, 빛나는 물건, 감성을 자극하는 일, 패션(유행), 미용업계, 주식투자, 도박, 게와 조개 요리
토(土)	결혼운, 가정, 모성운, 부동산운	노력, 안정, 전통, 저축, 전직, 전통적인 인테리어, 도자기, 신축성 있는 옷감 소재, 차나 꽃꽂이 연습
금(金)	금전운, 기쁨, 식사, 장사, 출세운, 사업운	즐거운 일, 다른 사람으로부터의 도움, 풍요로운 생활, 음식, 귀금속, 칼, 디저트, 고급 패션, 보석
수(水)	연애운, 섹스운, 저축, 신뢰	신뢰, 교제, 교류, 비밀, 남녀의 정, 여성스러운 행동과 패션, 스카프

기원(소망)하는 운에 맞추어 오행이 상징하는 것을 몸에 지니거나 행동을 하게 되면 누구나 운이 좋아진다.

풍수의 이상적 환경은 용혈(龍穴)

주거(住居)가 어떠한 상태에 놓여 있더라도 이상적인 환경에 다다를 수 있다는 것이 풍수이다. 그렇다면 여기서 하나의 의문이 생기게 된다. 도대체 '이상적인 환경(理想的環境)이 어떤 것인가' 라는 의문이다. 한마디로 '마음이 편하고 기분을 좋게 만드는 장소' 라고 할 수 있다.

풍수는 어디까지나 합리적인 학문으로 이상적인 모델이 있다. 고대 중국에서 맨 처음 언급한 기분 좋은 장소, 즉 용혈(龍穴)이 바로 이 모델이다. 용혈이란 용이 머무는 자리를 의미한다. 용은 땅과 하늘을 오르내릴 수 있는 신수(神獸)로서 이 용이 머무는 곳을 이상적인 행운의 장소로 믿고 있다. 이 용혈에는 몇 가지의 조건이 갖추어져 있어야 한다.

남쪽(앞)에는 땅이 넓게 펼쳐져 있어야 하고, 북쪽(뒤)은 산이 이어져 있어서 대지(山)의 에너지가 내려와야 한다. 이 기가 평지에 머물러 좋은 에너지가 충만되어 응집된 기가 달아나지 못하게 양쪽 산으로 보듬어 안고 있어야 하는 것, 그리고 남쪽으로(그 앞쪽) 물이 있는 냇가가 펼쳐져 있어야 한다.

한마디로 표현하면 좋은 기를 받아들여서 달아나지 못하게 감싸안고 있는 형국이라고 할 수 있다. 우리네 주거인 단독주택이나 맨션, 아파트 등 어느 곳이든 기본적으로는 위의 형태에 가까워지도록 하는 것이 풍수이다. 고대 중국에서는 이 지형을 용의 혈이나 명당(明堂)이라고 불리게 되었다. 여기에는 모든 소망이 이루어지는 행운이 있다고 믿는 것이다.

북쪽 산은 현무(玄武)라는 거북등 모양과 같은 자세가 있고, 동쪽을 지키는 것은 청룡(靑龍), 서쪽은 백호(白虎), 남쪽은 주작(朱雀)이라는 위치가 이루어져 있어야만 한다.

수도 서울은 경복궁 자리인 청와대를 중심으로 하여 앉아 있는 모습으로 이 공식에 맞는 용혈 자리의 모습이라고 할 수 있다. 즉 이상적인 환경을 만들어내는 기분 좋은 자리이다. 행운의 자리인 것이다. 그러므로 행운을 얻으려면 이 용혈에 있어야만 바라는 바가 이루어진다고 할 수 있다. 이것이 행운을 가져다주는 조건이 된다.

방위에는 중요한 의미가 있다

이미 잘 알려져 있는 일이지만 풍수에서는 방위를 매우 중요시한다. 방위는 팔방위(8方位)와 이십사방위(24方位)를 주로 사용하는데 8방위는 남, 서남, 서, 서북, 북, 동북, 동, 동남이다. 예를 들어 남 방위는 남쪽이므로 남이라고 부르게 되지만 풍수적으로는 8괘 중 이방(離方)이라고 한다.

여기에는 화(火)나 여름, 붉은 것(赤)과 인연이 있다. 그리하여 이 방향에 조명을 밝게 하는 것이 좋다거나 불의 의미가 있으므로 불을 더 하면 위험하다는 판단이 생기는 것이다. 이렇게 각 방위에는 각각의 의미가 있어서 기의 의미를 알게 된다.

24방은 8방을 각각 15° 각도로 3등분하여 방위를 만들어낸 것이다. 즉 12지[干支: 자(子), 축(丑), 인(寅), 묘(卯), 진(辰), 사(巳), 오(午), 미(未), 신(申), 유(酉), 술(戌), 해(亥)]와 10간 중 갑(甲), 을(乙), 병(丙), 정(丁), 경(庚), 신(辛), 임(壬), 계(癸) 8개와 건손간곤(乾巽艮坤) 4개를 합쳐 모두 24방인데 그 집약된 의미가 하나하나에 모두 들어 있다. 이 의미는 바로 자신의 기와 관련되어 있으므로 명심할 필요가 있다.

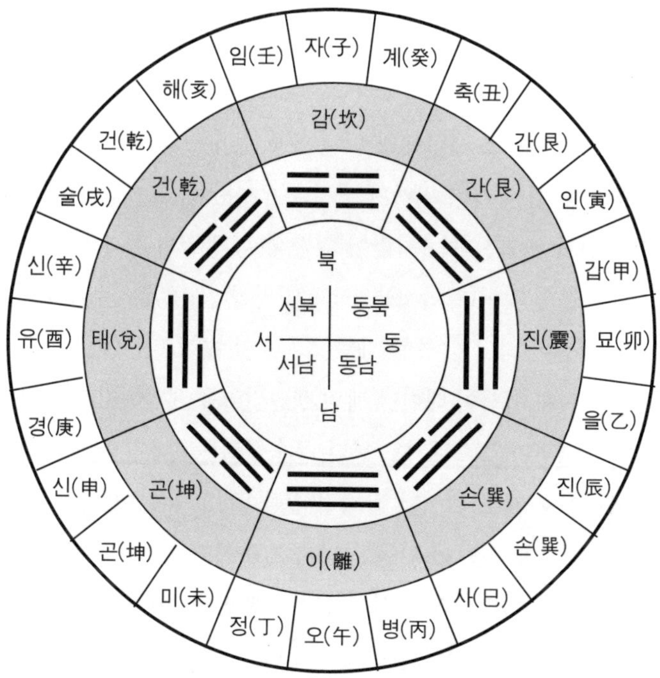

8방위, 24방위반(方位盤)

자신의 본명성을 찾아라

원래부터 풍수는 그 사람에게 맞는 오더메이드(order made)가 있다. 예를 들면 남쪽 섬에 가니 원기가 생긴다는 사람이 있는가 하면, 북극 쪽으로 가면 기가 편해진다는 사람이 있는 것은 방위의 길흉이 사람에 따라 다르기 때문인 것이다. 이것을 '잠재적 적성(潛在的適性)'이라고 한다. 이것은 그 사람이 타고난 경향 때문이라고 할 수 있다.

이 경향은 원래 자신이 태어난 해의 생년월일을 계산해서 판단하는 것이지만 주로 생년만으로 보기도 한다. 풍수에서는 이것을 본명괘라고 부르는데 사람이 가지고 태어난 잠재적 운을 8개로 나누어 본다. 다만 역학에서와는 다르게 생년이 같은 남녀가 있을지라도 이 잠재적 적성, 즉 본명괘는 다르게 나타난다는 사실이다. 그뿐만 아니라 남녀의 음양 의식도 다르다는 사실을 명심할 필요가 있다.

본명괘 조건표

자신만의 방위를 찾아본다.

사람은 각자 다른 잠재적 적성을 가지고 태어난다고 하였다. 그러므로 자신만의 적성이 있기 마련이다. 본명성과 상생되는 방위가 있다는 것이다.

생년월일	남	녀	생년월일	남	녀	생년월일	남	녀
1930년	태(兌)	간(艮)	1957년	태(兌)	간(艮)	1984년	태(兌)	간(艮)
1931년	건(乾)	이(離)	1958년	건(乾)	이(離)	1985년	건(乾)	이(離)
1932년	곤(坤)	감(坎)	1959년	곤(坤)	감(坎)	1986년	곤(坤)	감(坎)
1933년	손(巽)	곤(坤)	1960년	손(巽)	곤(坤)	1987년	손(巽)	곤(坤)
1934년	진(震)	진(震)	1961년	진(震)	진(震)	1988년	진(震)	진(震)
1935년	곤(坤)	손(巽)	1962년	곤(坤)	손(巽)	1989년	곤(坤)	손(巽)
1936년	감(坎)	간(艮)	1963년	감(坎)	간(艮)	1990년	감(坎)	간(艮)
1937년	이(離)	건(乾)	1964년	이(離)	건(乾)	1991년	이(離)	건(乾)
1938년	간(艮)	태(兌)	1965년	간(艮)	태(兌)	1992년	간(艮)	태(兌)
1939년	태(兌)	간(艮)	1966년	태(兌)	간(艮)	1993년	태(兌)	간(艮)
1940년	건(乾)	이(離)	1967년	건(乾)	이(離)	1994년	건(乾)	이(離)
1941년	곤(坤)	감(坎)	1968년	곤(坤)	감(坎)	1995년	곤(坤)	감(坎)
1942년	손(巽)	곤(坤)	1969년	손(巽)	곤(坤)	1996년	손(巽)	곤(坤)
1943년	진(震)	진(震)	1970년	진(震)	진(震)	1997년	진(震)	진(震)
1944년	곤(坤)	손(巽)	1971년	곤(坤)	손(巽)	1998년	곤(坤)	손(巽)
1945년	감(坎)	간(艮)	1972년	감(坎)	간(艮)	1999년	감(坎)	간(艮)
1946년	이(離)	건(乾)	1973년	이(離)	건(乾)	2000년	이(離)	건(乾)
1947년	간(艮)	태(兌)	1974년	간(艮)	태(兌)	2001년	간(艮)	태(兌)
1948년	태(兌)	간(艮)	1975년	태(兌)	간(艮)	2002년	태(兌)	간(艮)
1949년	건(乾)	이(離)	1976년	건(乾)	이(離)	2003년	건(乾)	이(離)
1950년	곤(坤)	감(坎)	1977년	곤(坤)	감(坎)	2004년	곤(坤)	감(坎)
1951년	손(巽)	곤(坤)	1978년	손(巽)	곤(坤)	2005년	손(巽)	곤(坤)
1952년	진(震)	진(震)	1979년	진(震)	진(震)	2006년	진(震)	진(震)
1953년	곤(坤)	손(巽)	1980년	곤(坤)	손(巽)	2007년	곤(坤)	손(巽)
1954년	감(坎)	간(艮)	1981년	감(坎)	간(艮)	2008년	감(坎)	간(艮)
1955년	이(離)	건(乾)	1982년	이(離)	건(乾)	2009년	이(離)	건(乾)
1956년	간(艮)	태(兌)	1983년	간(艮)	태(兌)	2010년	간(艮)	태(兌)

　풍수에서는 그 사람의 상성(相生)을 대단히 중요시한다. 그래서 '당신의 럭키 방위에 가 주십시오' 라는 말은 '당신의 본명괘(本命卦)를 찾아서 길 방위로 가 달라' 는 의미이다.

　자기 자신의 본명괘는 위의 조견표(早見表)에 있으므로 참고하면 되고, 이번에는 이 본명괘로 길흉을 찾아보도록 한다. 이 본명괘별 길흉 방위반(吉凶方位盤)은 다음의 그림을 참조하도록 한다.

　자신의 본명괘를 조견표에서 찾았다면 이 길흉 방위반 그림의 정중앙에 들어 있는 방위의 글을 보도록 한다. 이것이 타고난 길흉 방위반인 것이다. 즉 당신 본인만의 타고난 길흉 방위인 것이다. 이 그림을 보면 자신에게 있어서 어느 방위가 좋고 나쁜지를 한눈에 알아볼 수 있다.

　보다시피 운은 좋은 운 네 개와 나쁜 운 네 개, 즉 8단계로 나누어져 있다. 그러므로 방위에 있어서도 각기 깊은 의미가 담겨져 있다고 할 수 있다.

　가령 종종 겪는 일이지만 집의 동쪽에 있는 우체국에서 편지를 보내면 반드시 답장이 온다거나 또는 서쪽에 갔더니 도움을 주는 사람을 만났다는 등 이 모두가 방위와 본명성이 어우러져 상생의 길운을 만들어 주었기 때문이다. 그러니 우리 일상에도 하루에 재수가 좋았던 운과 나빴던 운이 발생하는 것은 쉽게 말하면 자신의 운이 상생상극의 운에 따라 이루어지기 때문이다.

　가령 연애나 결혼 상대자를 만날 때 아무 생각 없이 호텔이나 다방, 카페 등에서 만나는 것과 자신의 본명성에 어울리는 방위의 장소에서 만나는 것은 그 결과가 다르다고 할 수 있다. 길운이 있는 상생 방위에서 만나면 좋은 결과를 얻게 된다. 그것은 당신과 함께 하는 럭키 에너지가 강화되었기 때문이다.

4대 길방

최대길(生氣)—무엇이든 될 수 있는 방위로 심신의 원기가 모두 적극적이 된다.

대길(天醫)—똑바로 될 수 있는 방위로 몸도 마음도 편안하다.

중길(延年)—협조성이 일어날 수 있는 방위로 인내력이 생긴다.

소길(福位)—책임감이 높아지는 방위로 가족 생각이 난다.

4대 흉방

최대흉(絶命)—혼란을 가져오는 방위로 압력이나 스트레스로 다툰다.

대흉(五鬼)—폭력적으로 변하는 방위로 안절부절하며 골절을 당하게 된다.

중흉(六殺)—파괴적으로 변하는 방위로 판단력을 상실하여 무엇이든 실패를 한다.

소흉(禍害)—우울해지는 방위로 고민 때문에 원기를 잃는다.

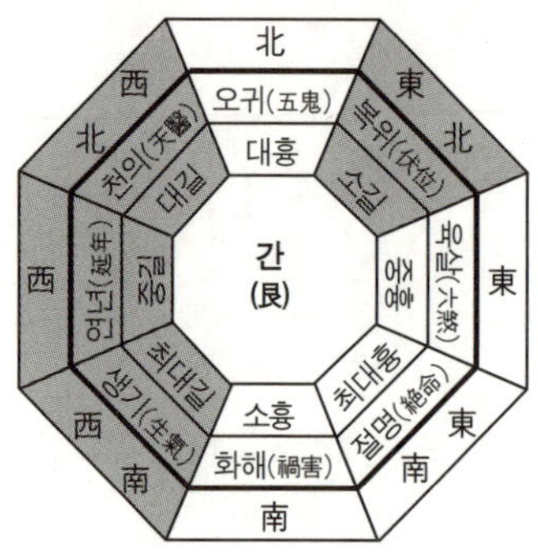

팔백토성(八白土星)

오행 : 토(木)
방위 : 동북(東北)
계절 : 늦겨울에서 초봄
색깔 : 황(黃)
숫자 : 5와 10

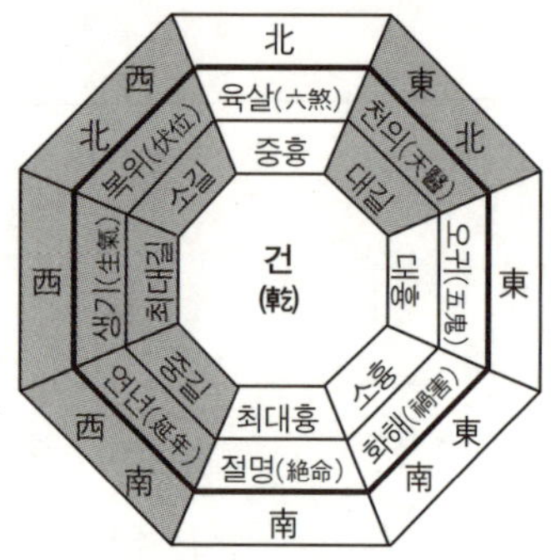

육백금성(六白金星)

오행 : 금(金)
방위 : 서북(西北)
계절 : 늦가을에서 초겨울
색깔 : 백(白)
숫자 : 4와 9

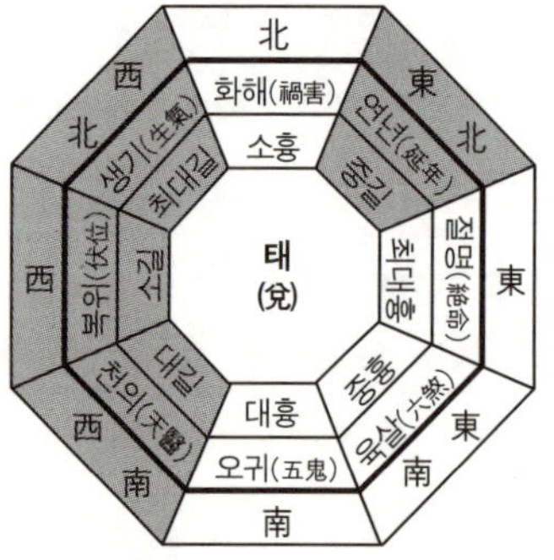

칠적금성(七赤金星)

오행 : 금(金)
방위 : 서(西)
계절 : 중추(中秋)
색깔 : 백(白)
숫자 : 4와 9

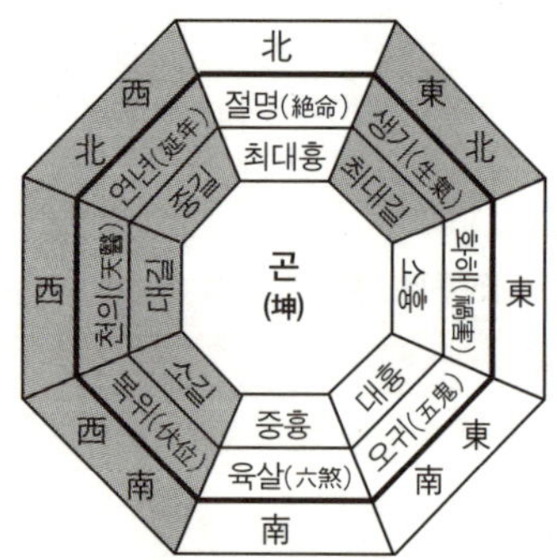

이흑토성(二黑土星)

오행 : 토(土)
방위 : 서남(西南)
계절 : 늦여름에서 초가을
색깔 : 황(黃)
숫자 : 5와 10

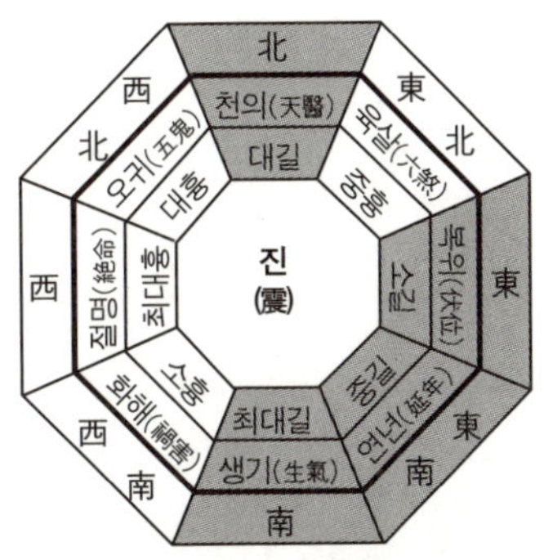

삼벽목성(三碧木星)

오행 : 목(木)

방위 : 동(東)

계절 : 봄(春)

색깔 : 청(靑)

숫자 : 3과 8

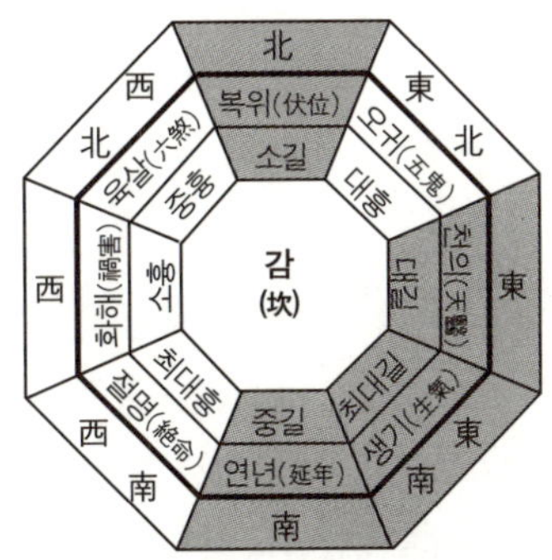

일백수성(一白水星)

오행 : 수(水)

방위 : 북(北)

계절 : 겨울

색깔 : 흑(黑)

숫자 : 1과 6

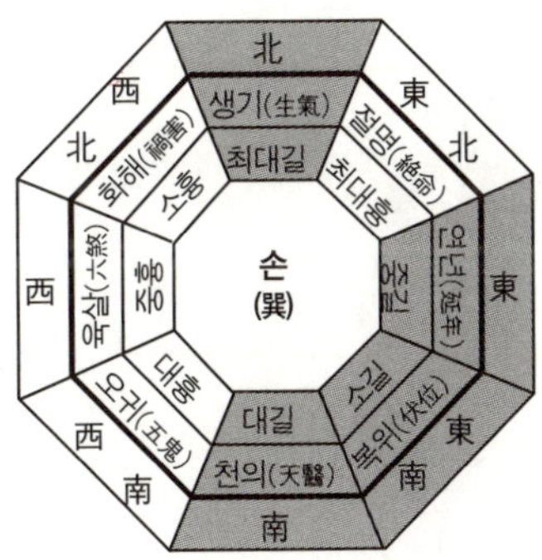

사록목성(四綠木星)

오행: 목(木)

방위 : 동남(東南)

계절 : 늦봄에서 초여름

색깔 : 녹(綠)

숫자 : 3과 8

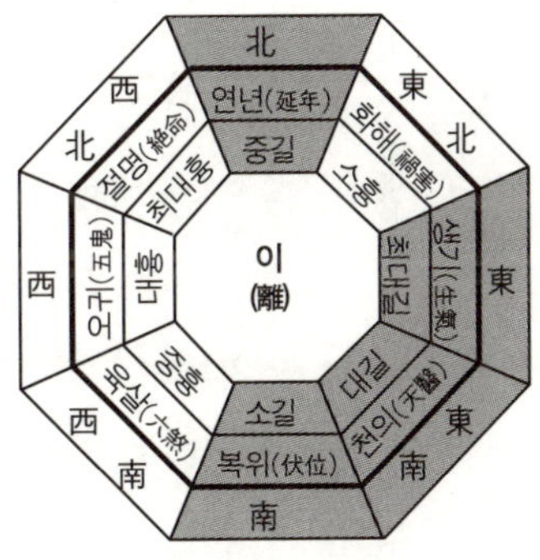

구자화성(九紫火星)

오행: 화(火)

방위 : 남(南)

계절 : 여름

색깔 : 적(赤)

숫자 : 2와 7

오행설과 8방위 운

　오행설을 다시 한번 간단하게 설명하면, 우주의 삼라만상은 다섯 개의 범주에 속해 있다고 하였다. 그 다섯 개란 목, 화, 토, 금, 수이다. 이것을 오행이라고 하는데 여기에는 서로 상생하는 것과 상극인 것이 존재한다. 그리고 8방이란 8개의 방위(八卦)를 말하는데 한 방위씩 그가 가진 운이 있다. 이것을 나누어 설명해 보자.

　북(오행으로는 수)은 일운을 좌우한다.
　북동(오행으로는 토)은 학업과 지식운을 좌우한다.
　동(오행으로는 목)은 건강운과 가족운을 좌우한다.
　동남(오행으로는 목)은 금운과 연애운을 좌우한다.
　남(오행으로는 화)은 인기 운을 좌우한다.
　남서(오행으로는 토)는 연애와 결혼운을 좌우한다.
　서(오행으로는 금)는 자손과 연애운을 좌우한다.
　서북(오행으로는 금)은 후원(後援)과 원조를 좌우한다.

　가장 강력한 연애운이나 결혼운은 북쪽, 동남쪽, 남쪽, 남서쪽, 서쪽에 있다. 그러므로 연애나 결혼을 원하는 사람은 이 방위에 관심을 가져야

한다. 물론 이외의 다른 방위도 연애운이나 결혼운이 전혀 없는 것은 아
니다. 하지만 아무래도 이 다섯 방위가 가장 강한 기를 가지고 있다고 할
수 있으므로 명심하여 대처할 필요가 있다.

지금 머문 자리를 이상(理想)적으로 꾸미는 방법

지금까지는 눈에 보이지 않는 자연관에 대해 설명했다. 천지의 기, 용혈, 음양오행에 대한 상생상극 등 믿기 어려운 이야기를 했지만 실은 양택풍수라 할 가상학(家相學)에서는 당신의 주거, 즉 집안에 이 모든 것이 집약되어 있다고 할 수 있다. 다시 말하면 단독주택이든 맨션이든 아파트이든 모두 길흉이 있다.

천지의 기(자연의 기)는 집의 대문이나 아파트의 현관문으로부터 들어오게 된다. 그것은 앞에서 설명한 다섯 개체(소리, 빛, 향기, 물, 바람)가 문을 여닫는 순간 들어가고 나가게 되어 있는 것이다. 이 기가 집안에 들어와 용혈에 어떻게 자리하느냐에 따라 당신의 길흉이 결정되고 행·불행이 나뉘기 때문이다. 만약 집안에 들어온 기가 자신이 머무는 방에 함께 자리한다면 음양 화합이 이루어졌다고 할 수 있다.

그러나 음양의 조화를 얻기 위해서는 인테리어에 주의할 필요가 있다. 현관이 어두운 집이 있는 반면 옆집과 너무 가까워 창문이 마주할 경우도 있을 것이다. 이때는 자연 환경과 비슷하게 만드는 것이 좋다. 즉 어두운 현관에는 태양빛을 대신하여 형광등을 켜거나 창문에는 블라인드를 설치하여 앞집 창문을 보이지 않게 가리는 것이 자연과 가까운 평온한 안식처로 만드는 것이다. 또 전신주나 빌딩의 모서리 등이 창문을 통해 정면으로 보인다면 사기(邪氣)로 작용하여 흉기가 된다. 이것을 막기 위해서는 집안에 각종 화살풍수(化殺風水, 나쁜 기운이 들어오는 것을 막음)를 실시해야 한다. 그렇지 않으면 흉기가 계속 머물게 된다.

그 어느 곳보다 당신이 가장 오래 머물러 있는 집을 이상적 환경에 가깝도록 꾸미는 것이 길운을 만드는 길임을 명심할 필요가 있다.

방위로 보는 연애운과 결혼운의 길흉

남 방위의 연애운과 결혼

길상

남방의 길상 작용은 사회적으로 명성이 있는 가정이나 직위 혹은 좋은 직업을 가진 사람으로부터 소개되어 성사가 되고 행복한 결실을 맺을 수가 있다.

이와 같은 행운은 가족 중에서 여성의 교양과 높은 덕으로 인해서 중요한 작용이 이루어진다고 할 수 있다. 뿐만 아니라 당사자의 지적 학식과 품위, 취미에 의하여 신뢰를 낳게 된다. 특히 이 집에 기거하는 여성은 화려한 매력에 의하여 수많은 인연을 만들게 되고, 남성은 자신의 인격과 품위에 의해서 인연이 이루어진다.

적령기가 되면 남녀는 누군가로부터 주목을 받게 된다. 이처럼 타인들에게 주목받게 되는 것이 연애나 결혼 문제에 크게 영향을 미친다. 그리하여 쉽사리 연애나 결혼이 이루어지게 된다. 친구나 주변 사람들의 성원을 얻게 되어 원하는 바를 순조롭게 이루게 된다고 본다.

흉상

이 방위의 흉상은 연애나 결혼 상대자가 없다기보다는 연애나 결혼은 쉽게 이루어지지만 그 후에 문제가 발생한다는 것이다. 결합 후 이상이 맞지 않거나 고부간 갈등에 의해서 좋지 않은 결과가 일어날 수가 있다. 이것은 인간관계가 나쁘기 때문이다.

이(離) 방위는 '떨어진다'는 작용과 합(合)이라는 '붙는' 두 개의 작용이 함께 발생하므로 남녀에게 좋지 않은 결과가 나타나는 것이다. 다시 말하면 연애나 혼담이 전혀 없는 것이 아니라 쉽게 결실이 이루어지기는 하지만 어떤 보이지 않는 힘에 의해서 거리감이 생기고 헤어지기 쉬운 일이 일어난다고 할 수 있다. 이것은 정상적인 결합으로 이루어졌다기보다 일시적인 호감에 의해서 인연이 맺어졌기 때문이다. 그러므로 서로의 명예에 상처를 입히게 되고 좋지 않은 결과를 가져온다.

이렇게 맺어진 남녀는 정신적 영속성이 없을 뿐만 아니라 인내심 부족으로 인해 매사에 싫증을 느끼고 가정생활이나 부부 생활도 오래 지속되지 못한다. 그러므로 늘 불안감이 따르기 마련이다.

남서 방위의 연애운과 결혼

길상

남서 방위는 연애나 결혼에 좋은 혜택을 받는 것이 사실이다. 그러나 그 혜택이라는 것은 결혼 이후의 가정 생활에서 나타나게 된다. 우선 길상이어서 쉽게 결혼에 이를 수 있다. 남녀 모두 인격과 근면성을 갖추고 있기 때문이다.

남성은 무척 성실하고 진실하며 인격이 원만하다. 적령기에 흔히 있는 화려함은 없고 직장에서는 책임감뿐만 아니라 직업 의식이 투철하여 주변 사람들을 감동시킨다. 그것이 인연에 연결된다. 여성도 남성과 마찬가지로 요조 숙녀형이어서 많은 사람들에게 칭찬을 받게 된다.

이 운의 장점은 연애나 결혼 자체보다는 결혼 후 가정생활에 있어서의 원만함에 있다. 부부의 발전에 크게 도움이 된다는 것이다. 특히 아내는 남편의 직업에 내조의 공이 커서 주택이나 땅을 많이 소유하는 부동산 재벌이 될 수 있다.

흉상

연애나 결혼이 늦게 이루어지는 경향이 있다. 특히 여성의 경우 일에 충실하다 보니 결혼할 마음적 여유가 없을 뿐만 아니라 주변 사람들도 그다지 신경을 쓰지 않아서 혼기를 놓치게 된다.

남성의 경우는 부모, 특히 어머니의 의견이 강해서 결혼을 하는 당사자보다도 여러 가지 조건을 내세우기 때문에 연애나 결혼이 성사되기 어렵다. 또한 가정에서 모친의 입김이 매우 강해 혼담이 오지 않는다.

이 방위의 흉상은 집안 여성의 협조가 약하다. 독불장군처럼 행동하는 가족들이 있기 때문이다. 이 때문에 적령기에 다다른 여성은 남성으로부터 호의적인 매력을 느끼지 못하게 된다. 남성은 번거로운 어머니나 시누이가 있는 가정을 싫어하기에 인연이 멀어질 수밖에 없다.

만약 좋은 인연이 되어서 결혼을 했더라도 가정에 풍파가 있어서 결혼생활은 순탄하지 않으며 결국 이혼이라는 최후 수단에까지 이르게 된다. 여성의 경우는 순종적이지 않아서 시집살이가 순탄치 않고, 또 남편에 대해서도 어려움이 없기 때문에 결국 이혼에 이르게 되는 것이다. 남성의 경우 역시 가정이 순조롭지 않아 연애나 결혼도 쉽게 이루지 못한다.

서 방위의 연애운과 결혼

길상

이 방위는 남녀 모두 인간적인 매력이 있어서 연애도 결혼도 쉽게 이루어진다. 특히 여성의 경우 미모와 매력에 의해 수많은 데이트 신청과 구혼이 잇달아 마음껏 골라서 결혼을 할 수가 있다.

이 방위는 가상(家相)의 8방 중에서도 동남과 함께 결혼의 운기를 관장하고 있다. 동남과 서, 이 두 방위가 흉상이라면 좋은 인연은 없고 또 결혼에 이르더라도 그 결과가 원만하지 못하게 된다.

이 방위는 청순한 소녀를 의미한다. 청순함은 연애와 결혼에 큰 영향을 미치게 된다. 여성스러움과 성적 매력, 아울러 청순함까지 지니고 있어서 결혼에 좋은 혜택을 누릴 수가 있다. 이는 여성뿐만 아니라 남성에게도 해당되어 소망하는 바를 이루게 된다. 남자의 경우 다소 남성다운 면이 부족하지만 문제될 것은 없다. 달콤하고 친절하며 상냥하기 때문에 역시 결혼운은 양호하다.

이 방위는 희(喜)와 낙(樂)을 포함하고 있어서 연애나 결혼 후의 결과에 있어서도 매우 좋다. 남녀 모두 기쁨을 누리게 된다.

이것은 단순히 맞선의 결과라기보다는 서로 인품에 끌려 이루어지는 것이므로 연애가 깊어 결혼에 성공하게 된다.

흉상

이 방위의 흉 작용은 혼담 자체에 매우 나쁘게 나타난다.

이 방위는 대체로 기쁨(喜)과 유(遊, 논다)라는 특징이 있다. 이것은 연애나 결혼에 있어서도 자연히 좋지 않은 작용을 하게 된다. 특히 미혼 여성에게 더욱 강하게 나타나 연애나 결혼에 있어서 좋지 않은 작용을 미치게 된다.

한마디로 단정지 못한 이성 교제로 인해 결혼에 이르기 때문에 숱한 난관을 겪게 된다. 또한 뭇남성을 유혹하는 성적 매력과 빈번한 이성 교제로 불량 소녀가 되기 쉽다.

남성의 경우 지나치게 유희에 빠지고 방탕하기 때문에 평판이 나빠져서 혼담이 없거나 좋지 않은 소문 때문에 실패하기 쉽다. 또 주위에는 이성이 많지만 마음을 털어놓아도 받아주지 않는다. 그리하여 정식으로 혼담이 오가는 일은 없다. 이 방위는 연애는 물론 결혼 자체를 이룰 수가 없다. 만에 하나 결혼을 했더라도 바람둥이로 비춰져 지탄을 받게 된다.

이 방위가 흉상이라면 성(性)에 있어서도 나쁜 작용이 일어나기 쉽고 또 놀기를 좋아해서 불성실한 사람으로 낙인찍히기 일쑤이다. 결과적으로 이 때문에 인연이 이루어지기 어렵게 된다.

서북 방위의 연애운과 결혼

길상

이 방위는 남녀 모두 현재의 환경보다 한 단계 좋은 가정으로부터 호감을 받고 있으므로 대단한 만족과 행복을 얻게 된다.

특히 이 방위에서 성장한 남성은 인연의 혜택을 누리게 된다. 지위와 활동력, 남성적 매력에 의해서 존경을 얻게 된다. 여성의 경우도 그 장점을 인정받아서 좋은 인연이 생기게 된다. 특히 이 방위의 길한 작용은 인간미 넘치는 풍부한 애정을 가지고 있어서 결혼 후에도 훌륭한 가정을 이룰 수 있다.

여성은 다소 자존심이 강하지만 그것 또한 기품으로 포장되어서 높은 직위나 좋은 직업의 남성으로부터 청혼을 받게 된다. 구혼운은 조금 늦어질 경향도 있다. 그러나 인연이 전혀 없다거나 극단적인 이혼은 없을 것이다.

흉상

이 방위의 흉상은 남성의 경우 태만하게 되고, 여성은 지나치게 자존심이 강하여 매력을 잃게 되므로 남녀 모두 결점을 두드러져 보이게 한다. 그러므로 손쉽게 인연이 나타나지 않으며 설령 인연이 있다 하더라도 결코 좋은 인연이 아니며 파혼되기 쉽다.

그 원인은 건방지고 분수를 지킬 줄 모르기 때문이다. 연애나 결혼에 있어서도 서로 자신의 입장만 내세우고 상대에게 책임을 전가시킨다. 특히 여성은 이런 경향이 강하여 인연을 만나기 어렵다. 또 허세를 부리는 버릇이 있어서 이러한 가상(家相)에서 성장한 사람은 무엇이든 제대로 이루지 못하게 된다.

흉상 작용은 결혼뿐만 아니라 결혼 후 가정생활에도 크게 영향을 미쳐 생이별이나 생사별을 겪게 된다. 남성은 편협해지기 쉽고, 가정적이지 않으며, 여성은 여성대로 순하고 정숙한 면이 없으므로 가정의 분위기가 냉랭하기 이를 데 없다.

북 방위의 연애운과 결혼

길상

이 방위는 교제, 교우, 화합 작용이 있어서 남녀 모두 일찍부터 인연을 만나고 훌륭한 가정을 이룰 수 있다. 이 방위는 적령기의 남녀도 좋은 관계가 순조롭게 이루어진다.

젊은 남녀가 거주하는 집의 가상이 좋으면 좋은 결과를 얻을 수가 있다. 연애나 결혼은 타인의 소개로 상대를 발견하기보다는 자신이 직접 찾아서 연애를 하고 결혼에 이르게 된다. 이것은 오늘날의 전형적인 연애 형태로 대단히 현실적이고 이성적이다.

이 방위는 결혼 후의 가정생활이 대단히 모범적이고 원만하게 이루어진다. 차분한 애정으로 결합된 좋은 가정이다.

흉상

연애나 결혼 문제에 있어서 큰 영향을 미친다.

사회성이 없기 때문에 고립되어 혼담이 많지 않으며 신용도 없으므로 좋은 인연의 혜택을 받는 것 또한 어렵다. 이 방위의 흉상은 연애나 결혼에 훨씬 더 좋지 않은 영향을 미치는 것이 특징이다. 다시 말해 교우가 아니면 화합도 일어날 수 없다는 것으로써 좋지 않은 사람, 또는 좋지 않은 교제에 의해서 나쁜 영향이 발생하게 된다.

특히 적령기의 남녀는 이성 관계가 탈선으로 이어져 곤란한 상황을 일으키기 일쑤이다. 미혼자뿐만 아니라 중년도 주색으로 몸을 망치게 된다.

북동 방위의 연애운과 결혼

길상

남자는 가정적인 여성을 아내로 맞을 수 있으며, 여성은 장남이나 가정의 상속인과 결혼하게 된다. 물론 좋은 인연이므로 좋은 가정을 이루게 되는 것은 두말할 여지가 없다.

이 방위의 길상은 가정에 대단히 강하게 작용하므로 남녀 모두 이 방위의 집에 거주하고 있으면 좋은 집으로 출가하게 된다. 남성은 좋은 집에서 성장한 여성을 아내로 맞게 된다. 또 경제적으로 풍부한 사람과 인연이 이루어지게 되므로 재산이 붙게 된다.

흉상

가정 파탄이라는 의미가 강하여 가정을 이룰 수가 없다. 즉 결혼하기가 쉽지 않다.

적령기가 된 남녀는 좋은 인연이 없고 자기 자신에게 결점이 없음에도 불구하고 결혼을 할 수가 없다. 또 가정이나 친척이 흩어져 있기 때문에 혼담을 가져오지 않고 혼담이 있어도 이루어지지 않는다. 또 사회적으로도 평판이 좋지 않고 신용도 없으므로 좋은 인연은 바랄 수도 없다.

동 방위의 연애운과 결혼

길상

남녀 어느 쪽이든 좋은 인연으로 인한 혜택을 받게 된다.

젊음의 힘과 높은 이상, 진보적인 사상을 가지고 있어서 발전적인 새로운 사상을 가진 사람과 결합하게 된다. 이 방위의 가정에서 나고 자란 남성, 특히 장남은 훌륭한 인연의 혜택을 받게 된다.

동 방위의 흉상 작용은 결혼에 복잡한 일이 생기기 쉽고 그 해결이 어려우며 결혼이 늦어진다. 복잡한 일은 고집이 세거나 자신의 위치를 생각지 않고 분수에 넘치는 것을 희망하기 때문에 해결하기 어렵다. 그리고 결혼에 대한 초조감으로 자칫 사기 결혼 등에 관련되는 일도 있을 것이다.

흉상

이 동 방위의 흉상은 혼담이 많은데도 해결되지 않는 경향이 있다.

조숙하다. 어려서부터 이성에 흥미를 가지고 있어서 충동적인 행동을 하지만 상처만 깊이 남게 된다. 특히 가정을 등한시하여 집 밖으로 나돌게 된다. 생이별이나 사별의 운이 있다.

동남 방위의 연애운과 결혼

길상

이 방위는 좋은 인연에 의해서 화려한 연애와 행복한 결혼생활을 누리게 된다. 이 방위는 결혼에 중요한 작용을 하여 그 길흉으로 인생이 결정된다.

남성은 신용과 인기를 얻기 때문에 인연이 대단히 많고, 그것들이 모두 좋은 인연이면 결혼 이후 그 원조나 내조에 의해서 더욱 발전하게 된다.

여성의 경우는 원만한 인격과 여성적 매력, 교양을 겸비하여 만인으로부터 존경과 사랑을 받는 타입이기 때문에 혼담이 많이 오간다. 이러한 혼담은 신분이나 직위 혹은 직업적으로 동떨어진 상류층에서 오지만 오히려 그것이 플러스가 된다.

흉상

혼담이 없든지 있다고 하더라도 이루어지지 않는 일이 많다. 이 방위의 흉상은 우선 신용이 없다는 것이며 적령기의 남녀일지라도 혼담이 없거나 무산되고 만다. 그 자신에게는 아무 결점이 없더라도 혼담이 어렵다. 원인은 없는데도 불구하고 인연이 없게 되는 것이다.

그와 반대로 인연 관계가 나쁘게 작용을 해서 악연이 되어 결혼에 실패하는 일도 있다. 즉 결혼을 한 이후에 좋은 배우자가 아니라는 것을 깨닫고 가정생활에 고생을 겪게 되는 것이다. 그럼에도 불구하고 인연은 잘 끊어지지 않기 때문에 점점 쇠퇴운을 겪게 된다. 때로는 결혼 후 배우자와 사별하고 불행해지는 일도 있다.

이 방위의 집에서 성장한 사람의 흉상은 결혼이나 가정생활이 원만하지 않고 오래 지속되지도 못한다는 것이다.

평범한 인연은 서쪽과 남쪽

'다른 사람에게는 연인도 잘 생기는데 왜 나에게는 나타나지 않을까'
하고 낙담하는 사람이 있을 것이다. 이때는 자신을 뒤돌아볼 필요가 있
다. 인연은 남이 가져다주는 것이 아니라 자기 스스로가 만들어야 하기
때문이다.

연애운을 높이고 싶다면 이야기는 오히려 간단할 수가 있다.

직장 생활을 한다면 틀에 박힌 듯이 모범생처럼 집과 직장만 오가고
있지 않은가 살펴볼 일이다. 그리고 '앞으로는 그렇게 하지 않겠다' 는
다짐부터 해야 한다. 생활의 혁신이 필요하다. 친구들과 자주 만나고
야외에 나가 다른 사람과 이야기를 나누고 사귀는 것도 중요하다. 지
금까지의 생활과는 다른 활력이 넘치는 생활을 하는 것이 무엇보다 중
요하다. '보석도 감추어 두면 남의 눈에 뜨이지 않는다' 는 말이 있다.
즉 자신이라고 하는 보석도 남 앞에 드러내고 광고할 필요가 있다는
것이다.

가상 풍수의 기본은 주거(집)의 운이 중요하다는 것이다. 그러나 주거
의 운이 아무리 중요할지라도 당신이 그 집안에만 틀어박혀 있으면 어
느 누구도 찾아주지 않는다. 연인이 생길 여지가 없다는 것이다. 그러므
로 우선은 밖으로 나갈 필요가 있는 것이다. 풍수는 가만히 앉아서 기다

리는 사람에게는 인연을 주지 않는다고 한다. 즉 밖으로 나가서 적극적으로 찾아야만 한다는 것이다. 이렇게 한번 두번 외출하다 보면 이때부터 점차 좋은 기회가 찾아오기 마련이다.

그렇다면 집에서 어느 방향으로 나가야만 인연을 만날 수 있을까? 인연을 만날 수 있는 방위는 서쪽(兌方)이나 동남(巽方)이 일반적이다. 그래서 풍수학적으로 서쪽은 연(戀)이 있는 방위라고 하며 동남 방위는 우정(友情)의 방위라고도 한다.

이 두 방위에서 인연이나 우정의 연(緣)을 맺을 수 있다. 그러므로 고독한 사람은 이 방위를 찾아보도록 한다. 또 한 가지, 사랑은 물론 섹스(Sex)와 주로 인연이 많은 방위이기도 하다. 연인이 없다면 주로 서 방위에서 놀아라. 그러면 당신의 성적 매력을 발휘하게 될 것이다.

인간관계를 넓히려면 동남 방위를 중요시해야 한다. 동남은 바람, 바로 그것이다. 바람도 따사로운 봄바람이나 가을 바람이므로 인간관계를 따사롭고 활발하게 이루어 나갈 수 있다. 하지만 만나는 사람마다 모두 마음을 놓아서는 안 되고 경계를 게을리해서도 안 된다.

동남 방위를 이용한다면 휴일 낮시간이 가장 좋다. 즉 즐거운 대화가 이루어지는 사람들 속에 연인이 섞여 있을 수 있다.

이성을 원한다면 주방을 청결하게

연인을 찾고 싶다는 사람들을 보면 주방이 청결하지 못하다는 공통점이 있다. 그렇다면 주방과 인연은 과연 어떤 관련이 있는 것일까?

연인을 찾는 기운을 상승시키고 싶다면 싱크대나 주방을 깨끗이 해야 한다. 그리고 물이 나오는 수도꼭지를 번쩍번쩍하도록 깨끗이 닦아두는 것이 좋다. 이것을 상징적으로 표현하면 '용이 물을 마시는 구멍'이라고 생각하면 된다. 용은 한 가족의 행운을 지키고 사귀(邪鬼)를 막아주므로 이 용이 물을 마신다는 수도꼭지를 청결히 하지 않을 수 없을 것이다.

이 용은 하늘에서 내려와 집의 현관을 통해 집안으로 들어온다. 그리고는 거실을 거쳐서 내 방으로 들어왔다가 주방으로 간다. 물을 마셔야 하기 때문이다. 이때 주방이 정돈되어 있지 않고 지저분하다면 어떻겠는가? 용은 주방의 수도꼭지를 통해서 물을 마시고 하늘로 다시 올라가게 된다.

일반적으로 집안에 물이 있는 제일 깨끗한 장소로는 씽크대의 이 수도꼭지뿐이다. 옛날 집의 경우는 역시 우물(井)일 것이고 부엌의 물동이 속일 것이다. 그 다음으로는 욕조와 세면대, 화장실 등도 있지만 몸의 때를 벗겨내고 세수를 하고 배설을 하는 곳이므로 오염이 심한 곳이다. 물론 주방 못지않게 청결하게 해야 할 곳들이다. 그래서 목욕탕의 물을 사용하지 않을 때는 반드시 빼놓도록 한다. 세면대와 화장실도 세균이 많은 곳이므로 청결해야 한다. 집안이 청결하면 연애에 좋은 기를 주어서 결실을 맺게 된다.

방안의 경우 가구들의 높낮이가 너무 심하게 차이가 나면 좋지 않다. 높낮이가 심하면 방 내부 기의 흐름이 자유롭지 않아서 연애에 지장을 준다.

도화 방위(桃花方位)

풍수에 있어서 인연에 대한 전반적인 개운은 도화 방위를 이용하는 것도 좋다.

도화란 복사꽃을 의미하고 색상은 분홍빛이다. 이 도화위(位)를 실내나 책상 위에 장식하면 좋다. 복사꽃 장식을 하면 자연적으로 사랑의 상대가 나타나게 된다. 그래서 이 방위를 가르켜 '럭키' 방위라고도 한다.

도화 방위를 찾는 방법은 현관의 방위에 따라 다르다. 아래의 표로 자신의 도화 방위를 찾아보자.

도화 방위표

가괘(家卦)	건택(乾宅)	태택(兌宅)	이택(離宅)	진택(震宅)	손택(巽宅)	감택(坎宅)	간택(艮宅)	곤택(坤宅)
현관 방위	서남	서	북	동	동북	남	동남	서북
도화 방위	남	남	동	북	북	서	서	서

집의 중심에서 보아 도화 방위에 꽃을 꽂아 장식을 해둔다. 이 꽃 옆에 수정을 놓아두면 효과가 더욱 좋다.

복사꽃은 중국에서는 일찍부터 강력한 생명력을 지닌 식물로서 다산(多産)과 연애의 상징으로 알려졌다. 그 열매인 복숭아는 금이나 돈의 과

일이라고 해서 돈과 관련짓기도 한다. 그러나 사랑을 이루기 위한 것이
라면 분홍색이나 오렌지색, 노란색처럼 따뜻한 색상이 좋고 꽃병의 형
태는 둥근 것이 좋다.

애인을 구하려면 강한 신념부터

"선생님, 어떻게 하면 애인이 생길까요?"
라는 질문을 받을 때가 있다. 그때마다 필자는 '정신일도 하사불성(精神
一到 何事不成)'이라는 말을 해주곤 한다.
이 말은 『주자어류(朱子語類)』라는 책에서 나온 말이다.

중국 전한(前漢)의 이광(李廣)은 무장대장으로 흉노를 무찔러 큰공을
세운 장수였다. 어둠이 깔리기 시작한 어느 날 저녁 한 초원을 지나다가
어둠 속에 웅크리고 있는 호랑이 한 마리를 발견했다. 그는 있는 힘껏 활
시위를 당겼다. 화살은 명중되었으나 호랑이는 꼼짝도 하지 않았다. 가
까이 다가가 보니 그것은 범이 아니라 큰 바위였다. 그는 다시 제자리로
돌아와 돌을 향해 활을 당겼다. 그런데 이번에는 화살촉이 돌을 맞고는
튕겨져 나왔다. 정신을 집중하지 못했기 때문이었다.

'양기발처 금석역투(陽氣發處, 金石亦透) 정신일도 하사불성(精神一到
何事不成)'이라는 글은 바로 이 바위에 꽂인 화살 이야기라는 것이다.
즉 양기가 발하는 곳이라면 쇠와 돌도 뚫는다. 정신을 한곳에 모아 집
중하면 어떤 일이라도 이루어진다는 뜻이다. 여기서 양기란 풍수에서 사

용되는 말이다. 강한 마음속에서 우러나는 기가 있다면 쇠와 돌을 뚫게 되는다는 뜻과 같다. 무엇이든 정성을 다하면 못 이룰 것이 없다는 것이다.

그래서 '애인이 지금 내 옆에 있으면 얼마나 좋을까?' 라는 간절한 마음으로 방을 꾸민다면 반드시 애인이 나타나게 된다.

연애와 결혼운을 불러들이는 방법

연애운과 결혼운을 높이고 싶다면 자신의 길 방위가 동남(東南)으로 이사하는 것이 좋다. 이때의 운은 사교와 교제운이 높아져 있어서 사람들과의 교류가 활발하게 이루어질 수 있기 때문이다.

연애는 많은 사람을 만나는 가운데 이루어지고 결혼 역시 이런 연애의 결과로 맺어지기 때문이다. 연애운을 관장하는 방위는 서쪽이지만 이 서쪽은 풍수 기운상 열락(悅樂)이라는 의미가 있는 방위이므로 유희로 끝날 가능성도 있다. 그러므로 어쩔 수 없이 서쪽으로 이동할 때는 인테리어에 신경을 써야 한다.

길상인 방위는 동남쪽이므로 그 방위에 집을 구하는 것이 대단히 중요하다. 그리고 또 결혼운을 높이려면 우선 자신의 본명성 길 방위가 돌아왔을 때 가정운도 함께 작용하는 서남 방위로 주거를 옮기는 것이 좋은 방법 중 하나이다.

동남이 길상이면 연애운과 결혼운이 좋다

동남에 있는 방은 어느 용도로 사용하든 길상이지만 연애운이나 결혼운을 높이고 싶을 때는 현관 쪽에 큰 창문이 있으면 더욱 좋다. 때로는 동남쪽에 적당한 크기의 창문이 있으면 더더욱 좋다.

이 동남쪽이 막혀 있거나 이웃집 창문이 가까이 마주하고 있다면 좋지 않다. 또 창문 밖이 앞집 벽으로 막혀 있으면 압박을 느낄 수 있으므로 이 역시 좋지 않다.

서쪽이나 서남쪽도 주의

서쪽에 현관이나 큰 창문이 있으면 연애에 대한 고민이 생겨날 가능성이 크다. 그러므로 서쪽은 벽으로 막혀 있는 것이 좋다.

연애 후 결혼을 할 때는 남서 방위에 각별히 신경을 쓰도록 한다. 이 남서쪽은 튀어나왔거나 들어간 곳이 없고 이 방향에 창문과 현관이 없어야 하며 조용하고 아늑한 방이 이상적이다.

헤어스타일을 바꾸라

연애를 풍수학적으로 표현하면 '남자와 여자의 기 대화(Communication)'라고 할 수 있다. 이 대화의 기가 잘 이루어지면 서로 호감이 생겨 연애나 결혼이 쉽사리 이루어질 수가 있다. 하지만 제대로 이루어지지 않으면 연애운이나 결혼운이 없다.

연애 체질(戀愛體質)이라는 말이 있는데 이것은 곧 기의 대화를 잘 이루는 사람을 말한다. 기의 대화를 잘 이루는 방법은 없을까?

우선 이마를 드러내는 것이 중요하다. 사람의 이마는 인체에 있어서 기가 들어가는 출입구이다. 그러므로 기가 몸에 들어갈 수 있도록 이마를 드러내는 것이 좋다. 머리카락이 이마를 덮고 있으면 기의 입구를 막아서 커뮤니케이션을 거절하는 것과 같다. 이마를 덮고 머리를 길게 늘어뜨리는 것은 마이너스 요소라고 할 수 있다.

머리는 사람의 생각을 모으는 장소이다. 여기에는 현재와 과거의 여러 가지 생각들이 뭉쳐져 있다고 할 수 있다. 연애를 하고 싶다면 너무 길거나 짧지 않게 중간 정도의 길이가 좋고 앞머리는 이마를 드러내는 형태가 좋다.

우리는 헤어스타일을 바꾸었더니 성격이 달라졌다는 말을 가끔 듣게 된다. 얼굴에 자신이 없어 머리로 이마를 덮고 다녔는데 어느 날 머리를 짧게 깎고 헤어스타일을 바꾸었더니 보는 사람마다 표정이 밝아졌다는 소리를 들은 기억이 있을 것이다. 이때는 자신도 모르게 기분이 한껏 좋아질 것이다. 그러면 이성이든 동성이든 적극적으로 대화가 이루어지게 된다.

인연은 동남쪽에 있다

연애나 결혼을 이루고 싶다면 동남 방위를 잘 이용하는 것이 좋다. 동남 방위는 신용과 사교의 의미가 있다. 결혼에 이르기 위해서는 서로가 신뢰할 수 있는 신용이 무엇보다 중요하다. 아무리 첫인상이 마음에 든다 해도 신용이나 신뢰가 없다면 인연은 오래 지속되지 못한다. 그러므로 연애나 결혼에 있어서 가장 중요한 것은 신용이다.

그 다음 중요한 것은 사교라고 할 수 있는데 사람과 사람의 만남은 일종의 사교이다. 남녀의 인연도 이 사교로부터 시작된다. 만남의 기회를 잘 찾는다면 좋은 연애 상대를 얻을 수가 있다. 연애 상대를 만날 때는 휴일 오전이 좋다.

만남에는 여러 경로가 있을 수 있다. 친구나 친척의 소개, 또는 결혼 정보회사의 소개로 만날 수도 있는데 이때는 자신의 집에서 동남쪽에 있는 사람과 회사에서 소개를 받도록 한다. 이 방위에 살고 있는 친척이나 친구 등의 소개로 좋은 인연을 만날 확률이 높기 때문이다.

오행상 동남은 손(巽方)에 해당되므로 본명괘 역시 손에 해당하는 중계자에게 부탁을 하는 것도 효과가 있다. 이 동남의 파워는 '가슴 설레이는 인연'과는 다소 무관하지만 건실한 사람과 만날 수 있기 때문에 좋은 결과를 얻을 수 있다.

오랫동안 사귀던 사람과 헤어진 뒤, 이번에 다시 만나는 사람과 꼭 결혼해야겠다고 결심했다. 얼마 후 숙모가 좋은 사람이 있으니 한번 만나보라고 권유했다. 동남쪽에 있던 어느 카페에서 우리는 만났다. 몇 마디 이야기를 나누다 보니 어느새 믿음직하고 신뢰가 생겼다. 그로부터 3개월 후에 우리는 결혼을 하게 되었다. 뒷날 살펴보니 숙모의 집 또한 우리집에서 동남쪽에 있었던 것이다.

이성에게 유혹당하고 싶다면 서쪽으로 외출하라

서쪽으로 가 보자.

풍수에서 서쪽은 인연의 방위로 알려져 있다. 그러므로 서쪽 방향으로 나가면 만남의 기회가 생길 수 있을 것이다. 이렇게 만난 사람이 마음에 들어 관계를 더욱 진전시키고 싶다면 서쪽에 있는 상점으로 들어가서 데이트를 즐기면 된다.

서쪽의 파워가 두 사람의 관계를 뜨겁게 만들어 주기 때문이다. 그런데 한 가지 주의할 점은 서쪽이 아니라 우정의 방위인 동남쪽을 택하면 운이 맞는 친구라 하더라도 그 관계가 끊어져 버릴 우려가 있다. 그리고 만날 때에는 저녁 시간을 피하는 것이 좋다. 서쪽은 '즐긴다'는 의미가 강하기 때문에 불륜이나 3각 관계를 일으킬 수 있다. 상대를 잘 컨트롤하는 것이 무엇보다 중요하다.

인연과 상성(相性)은 오행으로 찾는다

남녀의 상성은 눈에 보이지는 않지만 확실히 존재한다. 상성이 좋은 상대와 만나면 서로 상승시키는 효과가 있어서 무슨 일이든 잘 된다. 반대로 상성이 나쁘면 자주 충돌이 일어난다. 그렇지만 상성이 나쁜 상대는 절대로 만나서는 안 된다는 말은 아니다.

나쁜 상성이라 하더라도 사전에 의식하고 고쳐나간다는 마음가짐으로 만나면 호전되게 마련이다. 상성이 좋은 연인도 좋지 않을 수 있다.

이것은 상성만 믿고 서로 노력하지 않기 때문이다. 문제는 생각이나 기분을 흘려버리는 것이다. 걱정이 없다는 것은 가장 무서운 적이다.

풍수의 상승 관계는 본명괘의 오행으로부터 판단된다. 상성은 자신에게 좋은 상성과 상대에게 좋은 상성, 자신에게 나쁜 상성, 상대에게 나쁜 상성, 크게 영향을 미치지 않는 상성 등 다섯 종류가 있다.

오행 연애 상성(五行戀愛相性)

자신의 오행 상성	목 진(震)손(巽)	화 이(離)	토 곤(坤)간(艮)	금 건(乾)태(兌)	수 감(坎)
자신에게 좋은 상성	수 감(坎)	목 진(震)손(巽)	화 이(離)	토 곤(坤)간(艮)	금 건(乾)태(兌)
상대에게 좋은 상성	화 이(離)	토 곤(坤)간(艮)	금 건(乾)태(兌)	수 감(坎)	목 진(震)손(巽)
자신에게 나쁜 상성	금 건(乾)태(兌)	수 감(坎)	목 진(震)손(巽)	화 이(離)	토 곤(坤)간(艮)
상대에게 나쁜 상성	토 곤(坤)간(艮)	금 건(乾)태(兌)	수 감(坎)	목 진(震)손(巽)	화 이(離)
큰 영향을 받지 않는 상성	목 진(震)손(巽)	화 이(離)	토 곤(坤)간(艮)	금 건(乾)태(兌)	수 감(坎)

오행 연애 상성을 높이는 방법

연애나 결혼에 좋은 방위

만남	연애 충실	결혼	가정	
木	水	土	木	土
(행동력)	(친밀도 증가)	(안정을 이루게 하는 힘)		
+	+	+	+	+
火	金	金	火	金
(직감력)	(즐기는 힘)	(경제력을 증감시킨다)		+
				水

북 방위—水
동남 방위—木
남서 방위—土
서 방위—金

오행과 8방이 있으나 연애나 결혼에 있어서 대체로 좋은 방위는 북 방위, 동남 방위, 남서 방위, 서 방위 이 네 방위이다. 이외의 다른 방위는 전혀 관련이 없느냐고 묻는다면 그렇지는 않다. 모두 연애운이나 결혼운이 있으나 그 중에서 특히 위의 네 방위가 깊이 관련되므로 관심을 가질 필요가 있다.

목(木)의 기

목(木)의 기를 높이면
| 인간관계가 좋아진다
| 행동이 민첩해진다.
| 젊음이 지속된다.
| 무슨 일이든 진전된다.

연인끼리 목(木)의 기를 높이는 행동
· 단체 스포츠에 참가하거나 스포츠를 관람한다
· 속도감을 즐기고 싶어한다. 그래서 운전을 하고 싶어진다.
· 영화나 생활사를 보러 간다. 음성이나 영상을 감상할 때 목의 기가 높아진다.

자신의 목(木) 기를 높이는 행동
· 자격 시험을 준비한다. 목표를 세워 집중한다.
· 뉴스를 본다. 새로운 지식이나 정보를 얻을 때 목의 기를 높일 수 있다.
· 유행에 민감해진다. 최신의 기를 얻게 된다.

그 외 목(木) 기를 높이는 행동

　·다음날까지 반드시 새로운 지식을 얻는다. 새로운 것을 흡수하여 발전을 촉진시킨다.

　·신문을 읽는다. 읽는다는 행위는 목의 기를 높인다.

　·가지고 있는 시계의 품질이나 브랜드를 높인다. 시계의 운을 높게 하면 상승 효과로 목의 기를 높이게 된다.

화(火)의 기

화(火)의 기를 높이면

| 지성적이 된다.

| 서로 존경으로 만난다.

| 현재보다 더 매력적으로 변한다.

| 직감력을 얻게 된다.

연인끼리 화(火)의 기를 높이는 행동

　·박물관이나 미술관을 돌아보고 아름다움에 귀기울인다. 이 아름다움은 화의 기를 발산시킨다.

　·해변에 간다. 바다는 화의 기를 갖는 장소이지만 밤에는 기를 흡수해 버리기 때문에 좋지 않다.

　·이름 있는 사찰이나 교회에 간다. 부처나 하나님은 화의 기를 가지고 있다.

　·해산물은 모두 화의 기를 갖고 있다. 해산물과 토마토나 레드와인을

함께 마시면 상승 효과가 기대된다.

· 서로 눈을 보고 이야기한다. 눈은 화의 부품이다. 눈을 보는 것만으로 상대의 화기를 교환하게 되어 서로 이해를 높이게 된다.

자신의 화(火) 기를 높이는 행동

· 아름다운 밸런스를 갖추기 위해서 미(美)를 의식한다. 이 미는 기의 상징으로서 아름다워지려는 노력에 효과가 있다.

· 손거울을 가지고 다닌다. 이 거울은 화의 기를 상승시킨다. 걸어놓는 거울은 해가 닿는 방향에 놓도록 한다.

· 따뜻한 것을 먹는다. 굽거나 튀기거나 찌는 조리를 통해 체내에 화를 넣도록 한다.

· 눈화장 기술을 익힌다. 특히 눈 언저리를 아름답게 하여 자신감을 가진다.

그의 화(火) 기를 높이는 행동

· 머리카락이나 눈썹을 깨끗하게 정리한다. 산뜻하고 청결한 머리는 화의 기를 높인다. 눈썹을 자르는 것은 좋지 않다.

· 욕조에 소금을 넣는다. 소금은 화의 기로서 남성의 기를 뚜렷하게 한다. 이것은 여성이 하는 것보다 효과적이다.

· 패션 센스(Sense)를 눈여겨본다. 사람의 눈은 화의 기를 가지고 있어서 사람을 보는 기가 있다.

· 전자레인지를 많이 사용하지 않는다. 전자레인지는 나쁜 화의 기를 발산하는데 남성이 가진 화를 이 때문에 악화시키기도 한다.

토(土)의 기

토(土)의 기를 높이면

| 교제가 오래 지속된다.

| 안정감을 얻을 수 있다.

| 건강하게 된다.

| 튼튼한 몸이 된다

| 다른 운기를 얻게 된다.

연인끼리 토(土)의 기를 높이는 행동

· 산책을 한다. 발 아래로부터 기를 흡수하게 되므로 하이힐보다는 굽이 낮은 구두를 택하는 것이 좋다.

· 낮 동안 즐겁게 즐겨라. 커플 잔으로 마시면 좋다.

· 전통을 보고 즐기는 기회를 증가시킨다. 한복을 입고 고유의 가무를 감상하거나 고전소설을 읽거나 시대극을 보는 것이 좋다.

· 서로의 가족을 소중히 여긴다. 기념일을 축하하거나 식사를 함께 하고 가족과 단합을 도모한다.

· 상식적인 예의범절을 지킨다. 이 예의범절의 위반은 토의 기를 감소시키게 된다. 아무리 친하더라도 사사로운 이야기를 하는 것은 좋지 않다.

자신의 토(土) 기를 높이는 행동

· 의자에 쿠션을 놓는다. 앉는 행동은 토의 기를 안정시켜 준다. 책상

이나 테이블을 낮게 하여 쿠션 의자와 맞도록 한다.

· 구두나 벨트 등은 사치스러운 기를 가져온다. 발과 허리는 토의 기가 가장 많이 발산되는 곳이다.

· 정원, 발코니, 안방 등은 매우 깨끗하고 청결하게 한다. 좋은 토의 기를 머물게 하기 위해서는 이 토의 공간을 정리한다.

· 음식은 손수 만든다.

그의 토(土) 기를 높이는 행동

· 구두를 좋은 것으로 바꾼다. 하나의 구두를 그대로 계속 신고 다니면 나쁜 토의 기운이 굳어져서 좋은 토대가 구축되기 어렵다.

· 회사나 집에서는 자신의 머그컵을 이용한다. 전용 컵이 있으면 그에 속해 있는 운기가 상승된다.

· 자신의 일은 스스로 한다. 남에게 맡기는 태도는 토의 기를 감소시킨다.

금(金)의 기

금(金)의 기를 높이면
| 즐거운 생활을 하게 된다.
| 금운이 춤추며 들어온다.
| 금전운이 분명해진다.
| 어떤 운기가 얻어진다.

연인끼리 금(金)의 기를 높이는 행동

· 함께 공통된 취미를 가진다. 두 사람이 즐거움을 공유하면 금의 기가 더한층 상승된다.

· 금전 관계는 분명하게 한다. 돈에 대해서 철저히 하지 못하면 두 사람의 관계까지도 어긋나게 된다.

· 즐거운 일은 금을 풍성하게 한다. 우스운 것이나 즐거운 것을 보면 마음까지 풍요로워진다.

· 고찰이나 명찰을 자주 찾는다. 금의 기를 가진 절의 관광용품(종)을 구입하여 거실의 책상 앞에 걸어두면 금의 기가 높아진다.

· 평상시 웃는 얼굴을 한다. 웃음은 금의 기를 불러들인다.

그의 금(金) 기를 높이는 행동

· 선물을 준다. 선물은 금의 기를 가지고 있다. 물론 자신의 몸에 붙여도 좋다.

· 이를 닦는다. 금의 부품 일부라고 할 수 있는 이를 곱게 닦도록 한다.

· 웬만한 일에는 화를 내지 않는다. 화는 화의 기를 발산시키기 때문이다.

· 금의 기는 강한 쌀을 먹는다. 천천히 잘 씹어 먹어 운기를 고루 흡수한다.

· 금전은 남에게 맡기지 말고 스스로 관리한다. 돈에 대해서 철저히 하지 못하면 나쁜 금의 기가 발생하여 돈이 생기지 않는다. 이에 각별하게 주의할 필요가 있다.

수(水)의 기

수(水)의 기를 높이면

| 사랑 가득한 사람이 된다.

| 서로 신뢰를 이룬다.

| 여성은 여성다워야 한다.

| 나쁜 기는 흐르게 한다. 어떤 새로운 기를 얻게 된다.

연인끼리 수(水)의 기를 높이는 행동

• 수의 시간이라고 할 밤에 전화나 이메일로 대화를 나눈다. 주 2~3회 이상 주고받거나 만나는 것도 좋다.

• 만나서 아름다운 야경을 본다. 밤하늘의 별을 함께 감상하는 것이 효과적이다.

• 겨울철 운동을 한다. 이 계절은 수에 속하므로 스키, 스노보드를 할 때 수의 기가 활발해진다.

• 손을 잡고 걷는다. 수의 기를 가진 살갗은 두 사람의 수를 합하는 것이 효과적이다.

• 붙어서 걷는다. 걸을 때는 되도록 두 사람이 간격을 좁히면 친밀도가 높아진다.

자신의 수(水) 기를 높이는 행동

• 꽃을 장식하거나 물 재배를 하도록 한다. 그러나 꽃을 심은 화분은 미혼 여성에게는 그다지 좋지 않다.

• 오르골이나 가사가 없는 환상곡을 듣는다.

• 물통 속의 향기를 전하다. 탕(목욕탕) 속에서 사용하는 바스 오일이나 화장실의 방향제 등도 천연 향을 사용한다.

• 수석을 몸에 지닌다. 강력한 수의 기를 가진 월장석(月長石)이나 옥돌이 효과적이다.

• 파자마나 속옷은 좋은 것을 입는다. 보이지 않는 곳이나 몸 내부의 치장은 수의 기를 크게 높인다. 수예품이나 짠 것도 좋다.

그의 수(水) 기를 높이기 행동

• 머리와 피부를 칭찬한다. 두 사람의 수의 기를 높이게 된다.

• 수면을 충분히 취한다. 수면 부족은 나쁜 화의 기를 높이기 때문이다.

• 길 방위의 물을 마신다. 나쁜 기를 흘려보내고 좋은 기를 취하게 된다.

• 숨길 일은 만들지 않는다. 숨기는 일은 수의 기를 지키는데 화의 기를 가진 남성은 일반적으로 숨기는 것이 보통이나 언제나 들통나기 마련이다.

2 장
사랑을 이루는 연애 패션 아이템

첫 만남의 장소로는 자연이 있는 야외가 좋다. 물이나 바람이 있는 곳 말이다. 우주의 대기를 두 사람이 한몸에 받을 수 있기 때문이다. 물이 있는 곳, 즉 분수대가 있으며 환상적이고 아름다운 자연을 접할 수 있는 장소여야 좋다. 깨끗한 개울물이 흐르는 곳도 좋다.

첫 데이트를 성공시키는 방법

사랑이나 연애에 성공하고 싶다면 데이트 장소와 시간, 언어, 행동을 조심하고 긴장을 늦추어서는 안 된다. 특히 첫번째 데이트는 더욱 조심해야 할 것이다.

첫 만남

첫 만남의 장소는 커피숍이나 카페 같은 실내 공간보다는 자연이 있는 야외가 좋다. 물(水)이나 바람(風)이 있는 그런 곳 말이다. 우주의 대기를 두 사람이 한몸에 받을 수 있기 때문이다.

좀더 세부적으로 살펴보면 물(水)이 있는 곳, 즉 분수대가 있으며 환상적이고 아름다운 자연을 접할 수 있는 장소이어야 좋다. 깨끗한 개울물이 흐르는 곳도 좋다.

부득이 카페에서 만날 때는 커피나 홍차, 녹차보다는 밀크 티가 좋다. 이 밀크 티에는 애정운이 있으므로 첫 데이트에 성공할 확률이 매우 높다.

데이트 코스

처음 만나는 사이라면 매우 어색하고 서먹서먹하기 일쑤이다. 그러나 어색함이 없다면 오락장이나 영화관이 어떨까 싶다. 목(木)의 기를 흡수하는데 초첨을 맞추면 좋다.

그러나 서로 호감이 높으면 야경을 보러 가는 것도 좋다. 야경은 무드가 조성되어 두 사람의 거리가 더욱 가까워진다. 술을 마시게 되면 적포도주가 좋다. 즐거움을 한층 더 높여줄 수 있게 된다.

데이트 장소의 길흉

데이트 장소에 따라서도 길흉이 정해진다. 일반적으로 많이 찾는 장소를 중심으로 살펴보도록 한다.

호텔 레스토랑

호텔 레스토랑은 잘 아는 곳이 없을 때 편리하다. 어느 정도의 품위와 격식, 그리고 질을 유지할 수 있기 때문이다. 다만 갓 교제를 시작했을 때는 풍수에서는 가능한 한 피하는 것이 좋다고 한다. 원하면 언제라도 방을 잡을 수 있는 환경이기 때문에 상대에게 이상한 억측과 의심을 불러일으킬 수 있기 때문이다.

스카이라운지

고층 빌딩의 위층은 경치를 즐기면서 식사를 할 수 있는 장소이다. 스

카이라운지는 지하와 달리 남들 앞에 당당하게 나설 수 있는 관계를 뜻
한다. 서로 알게 된 지 얼마 안 된 사이에 좋다. 경치와 야경이 두 사람의
어색한 분위기에 도움을 줄 수 있다.

바닷가의 레스토랑

처음 만나서 데이트하는 장소로 좋다. 바다를 보고 있으면 싫증이 나
지 않기 때문이다. 남자는 대체로 결심을 굳힐 때까지 시간이 걸리기 때
문에 '시간을 번다'는 의미에 있어서 해변의 레스토랑은 데이트 장소로
권할 만하다.

영화관

옛날에는 데이트의 필수 코스로 여길 정도로 많이 찾던 곳이다. 지금도 갓 데이트를 시작한 커플들에게는 친밀감을 증가시켜 준다. 감정을 숨기고 망설이는 사람에게는 결단을 빨리 내리게 하는 장소이다. 연애를 지속해 나갈 커플들은 연애 영화를, 헤어지는 커플은 이별 영화를 상상할 수 있기에 많은 연인들이 찾는 곳인지도 모르겠다.

공원

공원은 데이트 장소로 빠뜨릴 수 없는 장소이다. 그러나 사방이 너무 훤히 트여 있어서 연애운은 적다. 공원은 대지의 파워가 직접 몸에 붙기 때문에 건강운과 가정운은 어느 정도 높일 수 있지만 연애와 연관이 깊다고는 할 수 없다.

카페에서의 위치

보통 처음 만남을 갖는 경우는 카페의 구석 자리에 앉는 것이 보편적이지만 이런 자리가 데이트에 좋다고는 할 수 없다. 풍수적으로 가장 좋은 위치는 오히려 카페의 한복판이다. 구석진 자리, 은폐된 곳은 타인들의 눈길이 자주 머물러 첫만남에서는 부담으로 작용한다. 오히려 훤히 트인 개방된 장소에는 무관심하기 때문에 좋다.

그러나 카페의 입구에 앉는 것은 좋지 않다. 사람들이 많이 드나들고 기의 파워가 흩어지기 쉽기 때문이다.

야외로 나갈 때

야외나 집에서 좀 떨어진 곳으로 외출할 계획이라면 자신의 본명성(本命星) 방위로 가는 것이 좋다. 특히 처음 만날 때에 흉 방위로 가는 것은 금물이다. 나쁜 영향을 미칠 수 있다.

첫 데이트할 때의 주의점(여성의 경우)

옷차림

단정하고 딱딱해 보이는 정장보다는 편안하고 부드러운 옷차림이 좋다. 상의는 흰색 셔츠가 이상적이며 하의는 부드러운 소재의 플레어 스커트(밑자락이 넓은 치마)가 좋다.

바지는 아래로 갈수록 통이 넓어지는 것이 좋고 목걸이로 포인트를 주
는 것도 괜찮다.

일반적으로 흰색은 때와 장소에 구애됨이 없이 무난하게 조화를 이룰
수 있는 색상이다. 핑크색은 새로운 사랑을 이루고 싶을 때 길하다. 노란
색은 변화의 색으로 연애에 있어서 지각 변화를 일으킬 가능성도 있다.
실크는 금(金)의 기가 있는 소재로 즐겁게 연애를 할 수 있다. 숙녀다운
여성스러움도 있다. 면은 목(木)의 기가 있는 소재로 부정적인 감정이 사
라지고 적극적으로 행동하게 된다.

가방

여성들은 외출할 때 가방이든 핸드백이든 소지하게 된다. 일종의 액세서리의 역할도 하지만 간단한 화장품이나 소지품들을 넣는 용도로 사용한다. 형태는 각양각색이지만 4각형이 좋다. 인연을 지속적으로 발전시켜 준다. 가방은 어깨에 메는 형태보다 손으로 드는 것이 좋다. 가방의 끈이 음양의 균형을 유지시켜 준다.

이 가방은 한마디로 운기를 보충해 준다. 연애용으로는 작고 가벼운 것이 좋다. 크고 무거운 가방은 힘들고 나쁜 인연을 이어준다.

헤어스타일

여성들은 외출을 할 때 특히 머리에 신경을 많이 쓴다. 머리 모양은 연인에게 있어서 결속 여부가 강하게 나타난다. 연애를 성공시키기 위해서는 필히 앞머리를 올려 이마를 드러내고 목과 귀를 내놓도록 한다. 얼굴 전체의 윤곽을 드러내는 것이 포인트이다.

액세서리-목걸이

목걸이의 소재로는 다이아몬드나 진주 등 값비싼 보석류들이 많지만 미혼 여성이 이런 액세서리를 할 경우 도에 지나친다는 느낌을 줄 수 있다. 자수정이나 옥을 소재

로 한 액세서리만으로도 충분히 멋을 낼 수 있을 것이다. 팔찌나 반지는
섬세한 디자인을 선택한다.

　쇄골과 쇄골 사이는 운기를 가장 많이 흡수하는 첫번째 영역이다. 이
곳이 보이지 않게 가려지면 아무리 기가 통하는 남성을 만나도 인연이
닿지 않는다. 가슴 부위가 가려지는 옷을 입을 때는 목걸이로 보완을 한
다.

팔찌

　손목 역시 인연이 통하는 입구이다. 두 줄의 체인 모양 팔찌로 손목을
강조해 준다. 애인을 구하는 여성은 왼쪽 손목에 낀다. 반대로 과거 연인
이 있었던 사람은 오른쪽 손목에 착용을 한다. 금 팔찌, 옥 팔찌, 진주 팔

찌 등이 있다.

귀걸이

　만남에서 상대의 운기는 당신의 이마와 귀에 집중된다. 그러므로 앞에
서도 언급했듯이 이마를 드러내고 귀에는 길게 늘어지는 귀걸이를 하
면 좋다. 귀걸이는 인연을 부르는 힘이 강하기 때문이다. 그러나 지나치

게 길면 오히려 악연이 될 수가 있다. 1~2cm 이내의 길이가 가장 적당
하다.

구두

여성들은 키가 좀더 커보이는 하이힐을 선호하지만 걷기에 편리하고
안정된 것이 좋다. 풍수에서 구두는 운이 좋은 장소로 데려다주는 아이
템이다. 예쁘지만 발이 아픈 구두는 자신의 운에 상처를 입히므로 신어
서 편안하고 유행하는 디자인이 좋다.

메이크업

우선 세수를 깨끗이 하는 것이 중요하다. 그리고 기초화장을 한 다음 두 뺨에 엷은 분홍빛 화장을 해주는 것이 이상적이다. 속눈썹을 붙인다든지 마스카라는 하지 않는 것이 좋다.

연인과의 관계를 오래 지속시키기 위해서는 안정감 있는 메이크업이 필요하다.

오렌지색 의상

약한 화(火)의 기가 있는 오렌지색은 적극성을 띠게 하고 활동적으로 변화시킨다. 부정적인 사람에게 적합하다.

별 패턴

만남이 전혀 없는 사람에게 적극적으로 추천하고 싶다. 이성과의 인연을 끌어온다.

세트 속옷

수(水)의 운기가 있어서 연애운과 직결된다. 반드시 한 벌로 입어야 운기의 균형이 맞게 된다. 만약 세트가 아니면 색상이라도 맞추어야 한다.

연애에 지장을 주는 것들

낡은 속옷

낡은 속옷을 입고 외출하면 새로운 인연을 만나기 어렵다. 그리고 발전하기 어려운 연애에 빠지게 된다.

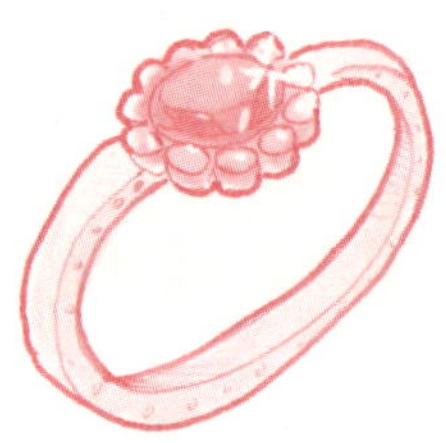

가운뎃손가락의 반지

가운뎃손가락에 반지를 끼면 악귀를 물리치는 효과가 있다. 그러나 남자 역시 물리치게 되므로 가운뎃손가락에는 끼지 않는 것이 좋다.

터틀넥만 입는다

가슴 위쪽의 빗장뼈와 빗장뼈 사이는 여성이 인연을 호흡하는 곳이다. 이것을 터틀넥으로 가려서는 절대 안 된다.

검정 가죽끈 손목시계

수(水)의 운기가 있는 검정과 화(火)의 운기가 있는 가죽이 만나면 궁합이 충돌을 한다. 그래서 모처럼의 만남이나 인연을 소멸시킬 가능성이 있으므로 주의가 필요하다.

평범한 옷차림

평범한 옷차림은 현재의 상황을 고정시키는 역할밖에 할 수 없다. 그러므로 연인을 찾고 싶다면 어떤 물건이라도 좋으니 유행하는 아이템을 하나쯤 준비할 필요가 있다.

검정옷

검은 옷은 음의 기운이 강해 몸 상태를 저하시킨다. 그러므로 입지 않는 것이 좋다. 회색이나 푸른색 속옷 역시 금물이다.

색이 변한 장신구

수(水)의 운기가 있는 은색이 변한 것은 '물이 오염된 상태'를 의미한다. 운이 정체되면 연애 역시 풀리지 않는다.

사각형 시계

각이 뾰족한 시계는 주위 사람들을 팅겨나가게 하고 현재의 상태를 고착시킨다.

낡은 휴대폰

휴대폰은 인연을 부르는 도구이다. 그러나 낡거나 검은 것은 음양의 조화가 나빠 오히려 인연을 소멸시킨다.

가죽 목걸이

가방이나 구두는 상관이 없지만 목이나 가슴 언저리에 가죽이 있으면 새로운 인연을 받아들이기 어렵다.

데이트를 열애로 만들기 위한 노력

사람이 사람을 만나 호감을 갖는다는 것은 물론 좋은 일이다. 이 지구상 한국이라는 조그만 땅덩이 위에서 한 쌍의 남녀로 만난다는 것은 굳이 확률을 따지지 않아도 기적과 같은 일이다.

어떻게 만났든 본격적인 연애의 과정에 이르기까지의 공식은 하나이다. 첫 만남, 데이트……

이렇게 데이트를 거듭할수록 상대방을 깊이 있게 알게 되는데 그 만남이라는 것이 2, 3년이 지나면서 서서히 문제가 발생하게 된다. 첫 만남의 신선함은 어느새 사라지고 그 자리를 차지해 가는 것은 권태로움이다. 물론 그 이전에 새로운 상대를 찾아나서면 이 문제는 단번에 해결이 되겠지만 말이다.

매너리즘은 기가 정체되어 있다는 증거

하루가 멀다 하고 만나는 연인이 똑같은 내용의 데이트를 계속한다면 어떨까? 하루 이틀은 견디겠지만 며칠 못 가 서로에게 질려버릴 것이다. 이러한 상태를 매너리즘에 빠졌다고 한다. 즉 목(木)의 기가 상실되어 나쁜 토(土)의 기가 굳어진 상태이다.

이와 같은 매너리즘의 상태에서는 연애가 지속적으로 발전되지 못한다. 이때는 데이트 장소를 평소에 가보지 못했던 곳으로 옮긴다거나 변신을 하거나 뭔가 변화를 주는 것이 좋다. 그리고 새로운 기분으로 데이트를 하려는 마음가짐이 중요하다.

연애운을 높이는 방법

기를 보충하라

두 사람 사이에 서서히 불만이 쌓여간다면 모자라는 기를 보충하는 것이 좋다. 기가 부족하면 연애가 발전하기 어렵다. 그러므로 운기를 높이고 균형을 잡도록 노력해야 한다. 즉, 토(土)의 기를 높인다.

요리를 손수 만들어 도시락을 마련하는 것은 토를 보충하는 행동이다.

이처럼 오행의 기를 찾아서 부족한 기를 보충하는 것은 상호 결속을 강화시키는 한 가지 방법이다.

인테리어로 운을 높인다

어느 집이나 물이 있기 마련이다. 물(水)이 있는 곳이란 주방은 물론 욕실과 화장실 등을 꼽을 수 있다. 사람은 보통 침실에서 잠을 자는데 풍수에서는 침실도 하나의 수장(水場)으로 본다. 왜냐하면 잠을 잘 때 사람이 물로 화신한다고 믿기 때문이다.

이 수장의 향기는 여성의 운기에 큰 영향을 미친다. 그러므로 침실이나 집안을 청결하게 해야 하는 것은 당연하다. 향기에 따라 행운의 연애운도 발전할 수 있기 때문이다. 또한 집안의 습도나 온도의 차이에 따라 기의 운도 좌우된다.

침실의 소품들

S자형 소품

유연한 곡선으로 이루어진 것이란 물 흐르는 듯한 모양을 의미한다. 콜라병을 생각하면 이해하기 쉬울 것이다. 콜라병은 직선도 직각도 아닌, 그렇다고 둥근 것만도 아니다. 파도를 타는 듯 매끈한 모습이다. 이런 유선형을 방 안에 놓아두면 연애운이 높아진다.

수(水) 기를 지닌 여성스러운 소품

무명천이나 견직물, 레이스처럼 수(水) 기를 지닌 소재로 방안을 장식한다.

쌍을 이루는 소품

한 쌍을 이루는 물건은 인연을 건실하게 한다. 자주 사용하는 그릇이나 컵, 도자기 등 한 쌍을 이루면 연애가 안정된다.

패션

풍수에 있어서 성(性), 즉 남성과 여성을 뚜렷하게 구분하는 것은 매우 중요하다. 한때 유니섹스(Unisex)라는 것이 유행하였지만 그대로는 남녀 어느 쪽도 운기를 차지할 수 없다.

연애에 있어서 두 사람의 관계를 깊게 해주는 것은 자신의 성(남성, 또는 여성)을 분명히 인식하여 그 역할을 두드러지게 나타내야 한다. 여성의 경우는 좀더 여성스럽게 꾸미면 관계는 그만큼 깊어진다. 그러나 꾸미지도 않고 전혀 신경쓴 흔적(멋을 낸다)이 보이지 않으면 여성으로서의 매력을 잃어버리는 것과 같다.

멋이란 상대방을 위한 것이 아니라 스스로를 위한 일이라는 사실을 명심할 필요가 있다. 멋진 연애를 원한다면 '멋'을 부릴 줄 알아야 한다.

잘록한 부위를 강조

목과 손목, 허리, 발목 등 잘록한 부분을 강조한다.

부드로운 소재

손으로 만졌을 때 부드러운 촉감을 느끼게 하는 것. 이처럼 감각적인 것뿐만 아니라 눈으로 보아서도 그 부드러움을 한눈에 알 수 있는 것.

꽃

꽃은 여성에게 없어서는 안 되는 아이템이라고 할 수 있다. 여성스러움을 나타내는 동시에 연애에 있어서도 건실하게 하는 힘이 강력하다.

분홍색

분홍색은 연애와 뗄래야 뗄 수 없는 관계이다. 수(水)의 기로서 여성의 운기를 높여주는데 절대적인 힘을 발휘한다. 자주(주 2~3회 정도) 휴대하는 물품을 분홍색으로 꾸미면 효과적이다.

머릿결이나 피부 손질

머릿결이나 피부가 곱고 윤기가 나며 아름답다면 인연이 깊을 것이다. 평소에 머리를 잘 가꾸고 아름다운 피부를 위해 노력해야 한다. 머리카락이 빠지거나 피부가 거칠면 연애운은 떨어진다.

음식과 연애

음식은 맛과 향, 그리고 색, 이 세 가지가 적절히 조화를 이루어야 한다. 영양과 아름다움의 조화, 음식도 이러할진대 사람은 어떻겠는가? 영양 상태가 좋은 사람은 피부도 곱고 아름답다는 것은 당연한 상식이다.

연애도 아름다움에서 비롯된다. 얼굴은 물론 피부도 고와야 사랑의 기가 크게 발산될 수 있다. 그렇다고 세상의 수많은 음식을 다 먹어치울 수는 없는 법. 연애의 기에 좋은 먹거리를 살펴보도록 하자.

차(茶)

허브나 과일차, 홍차 등을 즐거운 마음으로 자주 마신다. 홍차 등은 밀크티와 함께 마시면 애정운이 높아진다.

포도주, 와인

즐거운 일이 있을 때 와인을 마시면 좋다. 수의 기가 가장 크게 작용하기 때문이다. 하지만 두 사람 사이가 좋지 않을 때 마시면 역효과가 나타난다.

아이스크림이나 소프트 크림

수분으로 만들어진 미끄러운 빙과류는 수의 기를 가지고 있다. 미끄럽다는 것은 쉽게 흐른다는 이치와 같다. 그러므로 연애운 전반에 효과가 크다. 한밤중보다는 오전이나 낮에 먹는 것이 좋다.

셔벗

　과즙에 설탕 등을 넣어 사각사각 얼린 빙과는
연애운을 더 한층 높여준다. 사과와 귤 등이 효
과적이다.

과일

　전반적인 인연의 운을 높여준다. 결실의 열매인 과일은 강력한 토(土)
의 기를 가지고 있다. 그러므로 결혼운과 가정운을 높이는 데 효과가 있
다. 싱싱한 과일은 오전에 먹으면 파워를 흡수시킬 수가 있다.

향이 좋은 음식

　허브와 같은 향초를 사용하여 만든 요리, 육계(肉鷄)는 인연을 가져온

다. 특히 육계 향초구이는 인연에 대한 효과가 있다.

두부 요리

콩으로 만든 두부는 수(水)의 기를 듬뿍 담고 있다. 두부를 많이 먹으면 여성의 아름다움을 높인다. 물론 두유도 좋다. 각종 영양소가 많이 함유되어 있기 때문이다.

매일 먹는 식사에 있어서도 만나는 기회를 만들어주는 음식을 먹도록 한다. 가장 좋은 것은 역시 면(麵)류라고 할 수 있다. 면발이 길고 향기가 있는 것이 좋다.

면류란 보편적으로 칼국수, 냉면, 당면, 우동 등을 꼽을 수 있는데 이것은 인간관계 전반의 인연을 높여준다. 면발이 길다는 것은 인연을 지속시킨다는 뜻이 될 것이다. 그리고 향이란 원래 바람을 타고 전해지는 것으로서 멀리서 인연을 가져다준다고 할 수 있다.

그러나 같은 음식을 계속 먹는 것은 좋지 않다. 아무리 즐겨 먹더라도

주 2~3회로 줄여야 한다. 면류는 주로 아침이나 점심 때 잘 먹으므로 목(木)과 화(火)의 기를 높이면 여기에 따라 운도 높아진다.

스파게티

바람의 기를 가지고 있어 만남을 기대하고 있는 사람에게 꼭 들어맞는 음식이다.

모밀 국수

연으로부터 생기는 나쁜 기를 정화한다. 주변의 관계가 좋게 되어 만나는 기회도 증가된다.

우동

스파게티 다음으로 만남의 운이 기대되는 음식이다. 연애 이외의 결연(결혼)의 운에도 효과가 있다.

연애에 도움을 주는 것은 수분을 많이 함유하고 있는 음식이다.

우유, 두부, 검은 깨는 수기를 많이 함유하고 있으며, 검거나 흰 재료를 사용하여 만든 음식 등은 먹는 것만으로도 기를 상승시켜 연애운을 튼실하게 해준다.

또 수분을 흡수하여 갈증을 풀어주므로 더울 때나 목이 탈 때 좋다. 특히 길 방위의 물을 마시게 되면 체내의 나쁜 기를 배출하고 좋은 기를 얻게 된다.

알코올도 수분이라고 착각하는 사람이 있을 것이다. 그러나 알코올은 수의 기만이 아니라 화의 기도 가지고 있으므로 좋지 않다.

연애와 행동

금(金)의 시간(17시~23시 사이)을 잘 활용하면 연애운이 좋아진다. 이 시간을 뜻있게 보내면 수의 기운이 뚜렷해지기 때문이다.

이야기를 잘 듣는다

이야기를 하기보다 듣는 것을 더 좋아한다면 수의 기가 높아진다. 데이트 중에 자기 이야기를 끊임없이 늘어놓기보다 조용히 상대방의 이야기에 귀를 기울이면 좋은 결과를 얻게 된다.

잠을 충분히 잔다

잠을 충분히 자지 못하면 얼굴빛이 어둡고 지쳐 보이기 마련이다. 인연의 기를 높이기 위해서는 잠을 충분히 자서 아름다운 모습을 유지해야 한다. 오전 11시까지 충분히 잠을 취하면 수의 기를 높일 수 있다.

시간을 충실하게 이용한다

취미와 좋아하는 일에 관심을 가지고 열심히 하면 기가 상승한다. 독서와 음악감상, 뜨개질 등을 취미로 삼으면 더욱 좋다.

한 단계 더 발전하고 싶은 여성에게

수의 기를 높이기 위해서는 자기 속에 있는 수(水) 기를 먼저 뚜렷하게 할 필요가 있다. 수의 기가 높으면 연애도 좋은 방향으로 흘러간다. 몸에 수기가 머물지 않으면 스트레스가 쌓여 피부는 메마르고 머리카락은 윤기를 잃는다. 이를 방지하기 위해서도 수의 기를 원활하게 해야만 한다.

슬픈 표정을 짓거나 좋지 않은 이야기를 들어도 수기에 해(害)가 된다. 그러므로 어려운 일이 있어도 낙담하지 않고 늘 즐거운 표정을 지어야 나쁜 기를 불러들이지 않게 된다. 그래서 이런 말도 있는 것이 아닌가. '즐거운 일이 있어서 웃는 것이 아니라 웃으니 즐거운 것이다.'

결혼운을 좌우하는 집 방위와 인테리어

결혼운을 원한다면 우선 집안 전체의 의식주(衣食住)를 자세히 살펴볼 필요가 있다. 연애운은 자기 자신과 각 개인의 방에 달려 있지만 결혼운은 집 전체의 운과 관련이 있기 때문이다.

결혼운은 오행상 특히 토의 운과 관련이 깊으므로 토의 기를 높여야 한다. 한마디로 토(土)를 어떻게 가꾸느냐에 따라서 좋은 배필을 만날 수도 있고 이와는 반대로 결혼을 못할 수도 있다는 것이다.

먼저 주거라고 할 집의 풍수를 세밀하게 조사할 필요가 있다. 집은 자신이 사는 토지일 뿐만 아니라 지반(地盤)이 되기도 하기 때문이다. 그러므로 집안의 방위와 집의 인테리어를 잘 살펴보아야 한다.

현관

집에서 가장 중요한 곳은 현관이다. 현관을 통해 사람들이 드나들고 기(氣)도 들어오기 때문이다. 기는 지저분한 것을 제일 싫어하며 깨끗한 것을 좋아한다. 이처럼 현관을 통해 들어오거나 나가는 기는 가족의 행운과 결혼운에 지대한 영향을 끼친다. 그러므로 좋은 결혼운을 위해서는 먼저 현관을 깨끗하게 할 필요가 있다. 현관은 그 어느 곳보다 정리 정돈이 잘 되어 있어야 한다. 하루에 여러 번 물청소를 해서 먼지나 오물을 씻어낸다. 단지 쓰레기나 오물을 치우는 것에서 끝내지 말고 말끔하게 물청소를 하는 것이 결혼운을 높이는 방법이다.

현관을 통해 들어오거나 나가는 기는 가족의 행운과 연애, 결혼운에 지대한 영향을 끼친다. 그러므로 좋은 운을 위해서는 먼저 현관을 깨끗이 정돈할 필요가 있다.

신발은 기의 상징

신발은 반드시 신발장에 넣어두거나 출입문을 향해 가지런히 놓아두도록 한다. 신발에 흙이 묻어 있거나 먼지가 쌓여 있다면 이 역시 좋지 않다. 짝짝이로 굴러다녀도 안 된다. 또 비좁은 현관에 우산꽂이나 어린이용 자전거들이 방치되어 있어도 좋지 않다.

일반적인 집구조상 신발을 벗고 올라서면 거실일 것이다. 이 거실 앞에는 매트가 반드시 놓여져 있어야 한다. 발바닥에 묻어 들어온 흉기를 일단 여기서 떨구어 거실이나 방안까지 들어가지 않도록 하기 위해서이다. 이 매트는 고급스런 양탄자 같은 것이 좋다.

기의 출입구를 정돈. 신발을 문 쪽으로 향해 가지런하게 놓아두도록 한다. 매트 위에는 반드시 슬리퍼를 놓아야 한다. 또 관엽식물이나 꽃으로 장식한다.

그 위나 옆에는 반드시 슬리퍼를 놓아두는 것이 좋다. 꽃이나 나비가 그려진 슬리퍼가 더욱 좋다. 슬리퍼도 역시 한쌍으로 가지런히 놓여 있어야지 짝짝이로 나뒹굴면 좋지 않다. 여기서 한쌍이라는 개념은 남녀를 상징한다.

꽃을 장식하라

관엽식물이나 꽃으로 현관을 장식하자. 생기 가득한 식물이나 꽃이 있으면 왕기가 더욱 활성화된다. 물론 생화가 가장 좋으나 부득이한 경우는 조화도 무관하다.

현관 벽에는 꽃 그림

연애나 결혼은 행복과 직결된다. 연애나 결혼운을 활성화하여 행복을 얻으려면 현관 벽에 꽃 그림을 걸어두면 좋다. 사진틀 속에 넣어서 장식한다.

과일 향

현관 문을 열었을 때 향긋한 향기를 느낀다면 기분은 어떨까? 이처럼 향기 가득한 현관은 기분을 좋게 할 뿐만 아니라 좋은 운도 들어오게 만든다. 깨끗한 현관에 좋은 향기까지 더해진다면 더 이상 바랄 일이 없을 것이다. 특히 과일 향기는 결혼운을 더한층 높여준다. 과일향 이외에 허브향도 좋고 직접 과일을 놓아두는 것도 좋다.

거실(응접실)

집의 중앙은 강한 토(土)의 기가 머무는 곳이다. 이 거실은 외부 사람이 방문하여 앉기도 하지만 가족이 모여앉아 정담을 나누는 곳으로서 가정운과 직결되는 중요한 장소이다. 그러므로 가족 전부가 온화한 공간을 만들도록 노력해야 한다.

소파

소파는 가죽보다는 고급스러운 면직물이 좋으며 가능한 한 열십자 무늬가 들어 있으면 더욱 좋다. 앉았을 때는 단단하다기보다 안락하고 포근한 느낌의 소파가 좋다. 이러한 감각은 애정과도 비교되는 것이므로 연애나 결혼운에 있어서 더할 나위 없이 좋다.

목의 기를 높이기 위해 등나무 소파도 좋다.

등나무 의자는 목의 기를 강화해 줌으로서 인간관계가 활발하게 이루어진다. 촘촘히 등나무로 짜놓은 것이 마치 인간관계를 맺는 그것과 유사하기 때문에 좋다고 할 수 있다.

겨울철에 등나무 의자는 좀 차가워 보일 수가 있으나 여름에는 이 등나무 의자가 좋다.

거실에 꽃 장식

거실에는 관엽식물이나 꽃을 놓아두는 것이 좋다. 꽃은 가족운은 물론이고 연애나 결혼 적령기의 남녀에게는 좋은 인연을 연결해 준다. 관엽식물은 기를 활성화시켜 주고 꽃은 아름다운 결과를 맺어준다는 뜻이 담겨 있다.

꽃은 한 가지 종류보다는 여러 색이 들어 있는 꽃을 꽂아두면 더욱 좋다. 즉 4종류의 꽃을 네 가지 색상으로 분류하여 장식한다. 네 잎 클로버가 행운을 상징하듯이 4라는 이 숫자는 맺는 힘을 의미하여 결혼운이 강해진다.

거실에는 관엽식물이나 꽃을 놓도록 한다. 인연을 연결하는데 크게 작용한다.

사각의 작은 테이블

거실에 놓이는 테이블은 사각형이 좋다. 운을 안정시켜 주기 때문이다. 사각에는 물론 네 개의 발이 있기 마련이다. 사각형처럼 이 4개의 발이 안정감을 준다.

특히 토의 기를 가지고 있어서 두 사람의 관계를 안정되게 만들어 준다. 이 테이블 위에 작고 둥근 매트를 놓고 꽃병을 올려놓으면 더욱 좋다.

네 개의 발이 있는 작은 테이블을 놓으면 안정감을 준다.
꽃은 가족운은 물론 연애나 결혼운을 반드시 이루게 한다.

욕실

욕실은 나쁜 기운을 흘려보내고 즐거운 일이나 돈을 모으게 해주는 장소라고 할 수 있다. 경제적인 면이나 원만한 결혼생활을 위해서는 욕실이 청결해야 한다. 욕실이 청결하지 않으면 결혼운도 떨어진다.

물이 있는 이곳은 물론 음기가 강하다. 그러므로 연애나 결혼운의 영향을 가장 많이 받는 것도 이 욕실이다.

욕실에 두는 화장품 용기는 도기가 좋다. 일반적으로 샴푸나 린스 같은 용기들은 대개 플라스틱이 많지만 이것을 도기로 바꾸면 결혼운도 높아질 수가 있다.

과일 향 입욕제

물이 있는 욕실은 흡수력이 빠르다. 욕탕에 과일 향을 뿌리고 목욕을 하면 결혼운이 높아진다.

단순히 물로만 목욕을 하는 것이 아니고 각종 향기나는 오일 또는 인삼 같은 것을 넣고 입욕하는 경우가 있다고 한다. 지나치게 음기가 강한 여성의 경우는 이처럼 인삼욕을 하면 좋을 것이다.

화장실

우리의 건강에 가장 큰 영향을 미치는 공간이 바로 화장실이다. 오염되기 쉬운 곳이므로 화장실이 청결하지 못하면 좋지 않다. 건강 역시 아름다움과 연결이 되므로 어느 곳보다 자주 환기시켜 주고 밝고 따뜻하게 꾸민다.

겨울철에 난방이 잘 되지 않아 수의 기를 얼게 하면 악운을 불러들일 수 있다. 그러므로 난방기구를 두어서 화장실이 추위에 얼지 않도록 한다. 변기는 반드시 뚜껑을 덮어놓고 변기의 커버는 푹신한 것이 좋다.

그리고 화장실에서 신문을 읽거나 무엇인가 골똘히 생각한다고 오래 앉아 있으면 좋지 않은 기가 몸에 배인다. 이렇게

하면 결혼운이 떨어지는 것도 사실이다. 화장실의 나쁜 기를 차단하기 위해서는 꼭 화장실용 슬리퍼를 사용하도록 한다.

연애나 결혼운을 상승시키기 위해서는 화장실에 꽃을 장식하면 좋다. 흰색이나 분홍색 꽃을 꽃병에 꽂아놓으면 바라는 기를 상승시킬 수가 있다.

침실

연애운이나 결혼운은 그 사람의 관능이나 욕구와 깊이 관련되어 있다. 관능이나 욕구는 침실에 의해 그 영향력이 좌우된다. 실제로 대개의 애정 행위들이 이곳에서 이루어지기 때문이다.

우리 주변에서는 자기도 모르는 사이 상대방에게 마음을 빼앗기고 뒤늦게 알아채는 일이 종종 벌어지듯이 연애나 결혼은 결코 이성이나 현실적 계산만으로 조절되지 않는다. 그것은 바로 침실에서 잠을 자는 동안 무의식적으로 기가 움직이고 있기 때문이다. 또한 자는 사이에도 운기가 흡수하게 되기 때문이다.

이 기는 머리 위로부터 흡수되는 것이므로 침대 머리맡은 절대 어지럽게 해서는 안 된다.

아침에는 창문 커튼을 활짝 열어젖히고 신선한 공기를 흡수하도록 한다.
꽃이나 식물 화분 등을 반드시 놓는다.

　침대 옆 작은 장식장에는 연인에게 선물로 받은 물건을 놓아두거나 사진을 놓도록 한다. 잠들기 전에 그 사진 속 연인의 모습을 보거나 머리 속에 그리면서 잠자리에 들도록 한다.

침대

　근래 침대는 매트리스 아래에 스티로폼을 깔아놓는 경우가 종종 있으나 이것은 좋지 않다. 화재시 불에 탈 위험이 높기도 하지만 상의가 불타는 것이므로 결혼이 타버린다는 의미가 있어서 두 사람의 관계가 좋지 않게 될 우려가 있다. 침대는 목재류로 튼튼한 것이 좋다. 나무 침대는 두 사람에게 확실한 생명력을 불어넣어 줄 수 있기 때문이다.

머리맡에는 꽃병의 꽃이나 관엽식물을 놓는다.

취침 중 안정된 기를 얻기 때문에 꽃이나 식물 화분을 놓도록 한다. 탐스러운 과일 사진도 좋다.

남서 쪽은 결혼운이 강하다. 그러므로 예쁜 남녀의 인형을 남서쪽 위에 올려놓으면 좋다. 여성이 직접 만든 것이면 더욱 좋다.

꽃과 식물

결혼 운기는 꽃이나 관엽식물로 높일 수 있다. 자연의 일부라고 할 수 있는 꽃이나 식물은 사람을 즐겁고 편안하게 해준다. 우리가 호흡을 통해 내뱉는 이산화탄소를 흡수하고 산소를 내뿜어 기를 정화시켜 준다.

꽃이나 식물이 배출하는 신선한 산소는 기가 되어 사람의 운기를 높여준다. 꽃이나 관엽식물은 어느 장소에 놓아도 흉상은 아니지만 사람들이 자주 출입하는 현관이나 가족들이 단란하게 모이는 거실, 그리고 자신이 거처하는 방(침실)에 놓으면 그 기가 몸에 닿아 바라는 바를 한 층 더 높여준다.

다만 서쪽 방의 해가 드는 쪽에 놓으면 쉽게 시들고 쇠퇴하여 그 기운이 떨어진다. 그러므로 창문이 있으면 환기에 신경을 써서 꽃의 생명이 오래 유지되도록 해야 한다. 좁거나 작은 방에 많은 꽃이나 식물을 놓는 것은 좋지 않다. 이 점에 각별히 주의할 필요가 있다.

도기나 타일 등 토(土) 기를 가진 그릇이나 꽃병에 꽂아두면 토와 목
(木)의 기를 한층 강화하여 가정운은 물론 결혼운이 상승한다.

　가정운을 가진 남서 방위에는 키가 작은 꽃이나 식물을 놓는 것만으
로도 운을 얻을 수 있다.
　어떤 꽃이든 모두 좋으나 그중에서도 꽃잎이 긴 꽃, 즉 카베라나 마거
리트가 좋다. 이런 꽃은 인연을 많이 불러들이기 때문에 다른 꽃보다 더
욱 좋다. 식용식물이라고 할 허브는 물론 기르는 것도 좋지만 요리에 사
용하면 더욱 좋다.

패션과 헤어스타일

패션

결혼을 이루기 위해서는 균형잡힌 의상을 선택하는 일이 중요하다. 색상이나 디자인 등 여러 가지가 조화를 이루어야 한다. 이러한 조건을 모두 갖추었다 하더라도 자신에게 어울리지 않으면 안 된다. 겹쳐 입거나 묶거나 다리·무릎(관절)·허리 등에 붙이는, 소위 '기 패션'을 취하도록 한다. 이런 패션은 성실한 인상을 준다.

조화로운 옷 한 벌

편물이나 니트 의류는 같은 옷감으로 되어 있는 것을 택한다. 토의 기가 겹쳐져서 더욱 높아진다. 특히 어깨나 가슴에 리본이 있다면 인연을 맺게 하는 힘이 강하다.

속옷은 피부에 직접 닿는 것이므로 기를 직접 흡수하는 여성에게는 가장 중요하다. 수의 운기가 있는 속옷은 연애운과 바로 직결되어 있다. 연애운이 상승되기를 바란다면 반드시 한 벌로 갖추어 입기 바란다. 상하가 한 벌로 갖추어져 있어야만 균형을 유지하게 된다. 만약 이렇게 할 수 없다면 색깔만이라도 한 가지로 통일하는 게 좋다.

그중에서도 분홍색이나 붉은 계열의 속옷은 호르몬의 분비 작용을 조절해 준다. 그러므로 여성스러움을 표출하는 효과가 있다. 이러한 호르몬 작용이 균형을 이루게 되면 건강은 물론 연애운도 자연스럽게 상승된다.

검정색은 수(水)에 해당되므로 몸을 차갑게 한다. 특히 여성이 검정색 내의를 입고 있으면 음이 강하여 몸이 냉해져서 건강에 악영향을 미친다. 그리고 연애나 결혼운도 떨어뜨린다. 회색이나 청색 내의도 피하는 것이 좋다.

연애운을 높이는 속옷은 부드럽고 우아한 것이다. 레이스나 꽃 무늬 같은 것이 있으면 여성스러운 매력을 높여준다.

　새로운 것을 원한다면 오래되고 낡은 것을 과감히 버릴 줄 알아야 한다. 낡고 오래된 것을 계속 입으면 새로운 인연을 만나기 어렵다. 인연이 잘 닿지 않는 사람이라면 낡은 옷을 과감히 버리고 새것을 입도록 한다. 그러면 새로운 인연이 나타날 것이다.

　다음의 내용은 '첫 데이트할 때의 주의점'에서도 잠깐 언급했지만 여기에서 다시 한 번 살펴보도록 하자. 그만큼 애정이나 결혼운에 큰 영향을 미치기 때문이다.

액세서리

　보석이 지닌 그 자체의 힘에 의해 연애나 결혼운을 높일 수가 있다. 이러한 운을 높이기 위해서는 보석이나 금과 은 같은 액세서리를 몸에 지니는 것도 좋다.

　최근에는 여성뿐만 아니라 남성들도 목걸이나 팔찌, 발찌, 반지 등을 하고 다니는 모습을 볼 수가 있다. 이러한 액세서리는 장식용은 물론 행운이나 건강, 결혼운을 높일 수 있다. 일반적으로 진주, 수정, 산호, 금 등을 목걸이의 소재로 많이 사용하지만 이 보석류들은 건강운뿐만 아니라 행운을 가져오는데에도 이용된다. 즉 기를 불러들이고 상승시켜 주는 의미가 있다.

　수(水)의 운기를 가지고 있는 은(銀)이 색깔이 변하는 것은 '물이 오염된 상태'를 의미한다. 그러므로 이것을 몸에 간직하고 있으면 악연을 불러오게 된다.

목걸이

목걸이는 끈이 길어 가슴 위에 늘어뜨리는 형태가 좋다. 쇄골 사이를 거쳐 길게 늘어뜨린다.

진주나 사파이어 목걸이는 음화를 얻게 된다. 팔찌까지 세트로 사용하면 더욱 좋다. 그러나 건강이 좋지 않다면 양성인 이 금붙이를 목에 걸거나 팔찌, 반지로 사용해도 나쁠 것은 없으나 양성인 사람에게는 오히려 화(火)를 더할 수 있으므로 각별히 주의할 필요가 있다. 그만큼 음양의 조절이 중요하다.

가죽 소재의 목걸이는 화(火)에 속한다. 가방이나 구두는 가죽 소재도 괜찮지만 목걸이의 경우는 좋지 않다. 가슴 근처에 이 가죽이 있으면 새로운 인연을 받아들이지 못하게 된다.

신발

신발은 꼭 맞는 안정감 있는 디자인이 좋다. 하이힐이나 샌들은 좋지 않다. 구두의 앞쪽이 주로 토(土) 기를 가진, 네모 형태가 좋다.

스커트나 바지

스커트는 무릎까지 내려오는 플레어 스커트가 좋으며 바지는 아래쪽이 약간 넓어지는 형태가 좋다. 움직이는(動) 기를 받아서 결혼에도 성공할 수가 있다.

휴대폰

인연을 원한다면 휴대폰을 최신형으로 바꾸는 것이 좋다. 오래된 휴대폰은 소리의 음양 조화가 나빠져 인연운을 소멸시킨다.

사각형의 시계는 넘어지지 않게 고정된다. 또 뾰족한 각이 있는 것은 좋지 않다. 새로운 것을 얻으려는 싱글에게 현재 상황을 유지, 고정시키므로 부적합하다.

헤어스타일

현대는 남녀를 불문하고 염색을 자주 하여 헤어스타일에 변화를 주곤 한다. 그러나 가장 아름다운 것은 자연 상태 그대로를 유지하는 것이다. 검은 머리라면 검은색 그대로, 서양 사람들처럼 금발이라면 금발 그대로. 주의할 점이 있다면 단지 단정하게 손질하는 것이다. 그러면 연애운을 상승시킬 수 있다.

헤어스타일은 여성의 연애운 그 자체라고도 할 수 있다. 그러므로 관리를 소홀히 하여 머리카락을 상하게 하면 연애운도 떨어뜨리게 된다.

여성의 헤어스타일은 헤아릴 수 없이 많다. 남성들에게 가장 인기 있는 헤어스타일도 물론 그때그때 변하기 마련이다.

현재의 사랑에 만족하며 충실하고 싶다면 부드러운 웨이브가 좋다. 머리카락 끝부분에만 약간 웨이브를 넣은 스타일이다. 생머리만 고집하면 신선함이 떨어지고 약간의 변화가 필요하다. 이때 주의할 점은 반드시 이마와 귀가 드러나야 한다는 것이다.

현재 사귀고 있는 연인과 결혼하고 싶다면 화(火)의 기를 이용하여 청혼하게 하는 방법이 있다. 헤어핀을 양쪽 이마 위에 꽂는 것이다. 헤어핀은 화의 기가 강하게 작용하므로 무의식중에 상대의 마음을 조급하게 만들고 순간적으로 결심을 굳히게 한다.

이마를 드러내야만 하는 헤어스타일

반드시 이마를 드러내도록 해야 한다. 머리가 이마를 덮고 있다면 헤어핀이나 헤어스타일을 바꿔 이마를 드러내도록 해야 한다. 그리고 눈썹 사이에 있는 제3의 눈을 넓히도록 해야 한다. 이렇게 하면 직감력과 판단력이 높아진다. 이마는 주로 인간관계의 운이 좋고 나쁨을 나타낸다.

바둑이나 화투, 노름 같은 도박에 열중하고 있을 때 자신도 모르게 손이 이마 위로 올라가는 행동을 하는데 이것은 운을 부르는 무의식적인 표현이다. 실제로 운을 좌우하는 것은 이마의 형태, 즉 이마가 넓은지 좁은지에 달려 있으며 또 광택의 유무에도 달려 있다.

여성의 경우는 특히 이마의 형태가 중요하다. 성격 역시 이마의 형태로 결정되기 때문에, 이 이마의 형태에 따라서 남자와의 인연이나 남성운도 상당히 좌우된다.

메이크업

양볼(뺨)은 사과가 탐스럽게 익은 것처럼 화장을 한다. 토(土)의 기를 가진 분홍빛 뺨은 가정운과 결혼운을 상징한다. 그러나 검붉은 색깔의 뺨은 결혼운이 좋지 않다.

눈의 양옆 부위를 '처첩궁'이라고 하는데 특히 이 부분의 피부색이 여성의 결혼운을 크게 좌우한다. 이 부분이 분홍색이면 결혼운이 최고로 좋다. 그러나 짙은 붉은 빛이 돌거나 거무칙칙하면 결혼운이 없거나 남성운이 없다.

이 처첩궁의 색깔이 좋지 않은 여성은 이혼이나 실연 등 남성으로 인해 마음의 상처를 크게 받을 수 있다. 얼굴 주변의 흠도 주의할 필요가 있다. 생각지도 않았던 불운이 불어닥칠 수 있기 때문이다. 젊은 여성들에게 나타나는 여드름 등 아무리 작은 흠이라도 파운데이션이나 파우더로 감추는 것이 좋다. 결혼운을 바란다면 화장법으로 얼굴빛을 밝고 곱게 해야 한다.

눈두덩은 브라운 색상으로 한다.

아이라인과 아이새도는 토(土)의 색인 갈색을 사용하여 눈이 가지고 있는 화의 기를 상승시켜서 초롱초롱하고 맑고 밝게 해야 한다. 검은색은 피하는 것이 결혼운에 좋다.

사람의 눈썹을 통해서 가정운과 생활력을 알아볼 수가 있다. 눈썹이 짙은 사람은 그 자체로는 나쁜 상이 아니지만 생활력이 있기 때문에 결혼을 그다지 중요하게 생각지 않는다. 독신으로 지낸다 하더라도 어려움이나 외로움을 느끼지 않는다.

눈썹이 가늘고 연한 사람은 결혼을 쉽사리 성사시키지 못한다. 이런 사람은 남성운이 좋지 않고 고독한 상이기 때문이다. 그러므로 눈썹은 보통 굵기에 반달 형태가 가장 좋다.

입은 안정감을 나타내기 때문에 결혼운에 있어서는 작은 것보다 크게 보이는 편이 좋다. 입이 큰지 작은지는 눈의 바깥쪽에서 아래로 선을 그었을 때 그 눈동자의 안에 머무는지로 판단하면 된다. 그 선에서 밖으로 나와 있으면 큰 것이고 그 안에 들면 작은 입에 속한다.

입이 큰 여성은 풍수학적으로는 과부상으로 분류된다. 즉 결혼운이 없다는 것이다. 그러나 능력과 경제력이 있기 때문에 크게 결혼에 신경을 쓰지 않는다. 따라서 사회에 진출해서 자신의 능력을 마음껏 펼치려면 입이 큰 것이 좋다.

여성의 피부는 머리카락과 같이 수(水)의 기운이 머무는 연애운 그 자체이다. 화장은 자신이 원하는 이미지를 보이기 위해서 피부를 가꾸는 것이다. 즉 행복한 사랑을 연상하면서 화장을 하면 행복한 사랑이 찾아 온다고 할 수 있다.

그렇다면 풍수 화장법은 무엇인가? 얼굴을 복스럽고 둥그스름하게 보이도록 하는 것이다. 핑크색 계통의 따뜻한 색상으로 마무리하고 모든 라인은 앞에서 언급한 것처럼 둥글게 처리한다.

때와 장소에 맞는 메이크업
사무실에서는 소극적인 메이크업이 좋은 운을 부른다.

직장생활을 하는 여성은 하루의 대부분을 사무실에서 보내게 된다. 그러므로 화려한 메이크업은 오히려 역효과이다. 형광등의 조명은 색이나 라인을 있는 그대로 정확히 비쳐내기 때문에 화려한 메이크업은 아름답게 보이기는커녕 특수 분장처럼 보이게 된다.

근무 중에는 수수한 메이크업이 좋지만 퇴근 후에는 가능한 한 화사하게 변신하고 싶은 것이 여자들의 심리이다. 낮 동안의 피로한 모습을 보이지 않게 하기 위해서 화장을 고치는 것이 중요하지만 아침에 한 메이크업 위에 덧칠할 경우 얼룩이 생기고 피로해 보여서 오히려 망칠 우려도 있다.

화장을 고칠 때는 퍼프로 지워진 부분의 경계를 먼저 바르고 그 다음에 파운데이션을 바른다. 그 위에 볼터치로 더욱 화사하게 한다. 저녁 무렵에는 하루의 피로가 아래 눈꺼풀에 나타나기 때문에 그 부분에 파운데이션을 연하게 바르거나 밝은 섀도를 살짝 바르면 된다. 펄이 든 섀도나 아이라인을 잘 그려서 생기가 넘쳐 보이게 하는 것이 좋다.

행운을 부르는 메이크업

눈으로 남성을 사로잡을 수 있다

'눈으로 말한다' 는 말이 있다. 눈은 감정을 나타내는 곳이기 때문이다. 연애나 섹스를 단적으로 나타내는 것이 바로 눈이다.

여성에게 있어서 남성운이 있는지 없는지는 대개 눈에 나타난다고 해도 과언이 아니다.

눈이 큰 여성은 남성에게 유혹이 많다

서양 인형처럼 눈이 큼직하고 시원스러운 눈매를 경안(輕眼)이라고 한다. 옛날에는 눈이 크면 남성들의 유혹에 넘어가기 쉽다고 과부상으로 보았다.

풍수학에서 눈이 큰 여성은 사교운이나 인기운이 있다고 본다. 남성들은 대부분 눈이 큰 여성과 대화를 나누고 싶어하므로 이와 같은 여성의 주가는 당연히 오르기 마련이다.

예를 들어 한 카페에 평범한 눈매의 A양과 큼직하고 시원스러운 눈매의 B양이 나란히 앉아 있다고 하자. 남성이 등장하여 두 여성 중 어느 쪽에 말을 걸어올지 실험을 해보면 대부분 B양 쪽이 많다고 한다. 남성의 입장에서는 B양이라면 말을 걸어도 무시당하지 않을 것 같은 편안함이 느껴진다는 것이다. 반면에 평범한 A양은 왠지 접근하기 어려운 분위기가 있다.

그러나 눈이 큰 여성의 단점은 남성들에게 인기가 있을지 몰라도 곧 싫증을 느끼게 된다.

눈썹이 짙으면 남성에게 프로포즈를 받는다

여배우 브룩실즈의 매력은 굵고 짙은 눈썹에 있다. 옛날에는 눈썹이 가는 게 좋다고 보았지만 최근에는 굵고 짙은 눈썹이 미인의 조건이 된다. 눈이 마음의 창이라고 한다면 눈썹은 커튼 역할을 한다고 말할 수 있다.

눈썹의 형태는 크게 일자 눈썹, 꼬리가 올라간 눈썹, 둥근 눈썹, 처진 눈썹 등 여러 가지가 있는데 대체로 굵은 눈썹이 남성을 매혹시킨다. 만약 눈썹이 가는 여성이 남성의 프로포즈를 받고 싶다면 메이크업으로 수정하는 것이 좋다.

남성에게 구혼을 많이 받는 메이크업

남성운이 좋은 여성은 노력을 하지 않아도 주위에 좋은 남성이 나타난다. 그러나 이와 반대로 남성운이 나쁜 여성은 남성에게 속거나 배신을 당하는 일이 많다. 이처럼 남성운이 좋은지 나쁜지는 여성들의 모습에서 알 수 있다.

남성운이 좋은 여성은 이마에 윤기가 있다. 이마에는 태어나서 자란 환경 등이 나타난다. 이곳이 밝다는 것은 잘 성장했음을 의미한다.

눈썹과 눈썹 사이, 즉 미간은 다소 좁은 게 좋은데 섬세하고 배려하는 마음을 나타낸다. 다소 긴 듯한 눈썹은 여성스러운 상냥함과 유연한 성격을 나타낸다. 눈과 눈썹 사이는 넓은 편이 남자들에게 호감을 준다. 속

눈썹은 여성의 호르몬 분비와 관계가 깊고, 여성스러운 부드러움을 나타낸다.

코는 그 끝이 납작하지 않아야 한다. 여기가 낮지 않은 여성은 자존심이 세지도 낮지도 않게 알맞고 남성을 선택할 때도 섣불리 행동하지 않는다. 그리고 다소 콧방울이 튀어나와 있으면 경제관념이 투철함을 나타낸다.

얼굴 윤곽은 아래쪽이 약간 블록하고 턱이 둥글며 야무져야 한다. 입은 애정운과 관계가 있으며 아랫입술이 두꺼우면 남자에게 사랑을 받고 윗입술이 두꺼우면 남자에게 베푸는 사랑이 커진다. 남자를 잡기 위해서는 어느 한쪽으로 치우치는 것보다 아래위 입술이 균형잡힌 그리 크지 않은 입이 좋다고 할 수 있다.

큰 입은 경제력이 따르기 때문에 스스로 돈을 벌게 됨으로 남자운을 잃을 수가 있다. 한편 여자의 작은 입은 배려하는 마음이 있어서 남자를 유혹한다. 남성운이 가장 좋은 상이라고 할 수가 있다.

위의 내용에 3가지 이상 해당된다면 연애에 실패하는 일은 없을 것이다. 그리고 멋진 남성과 인연이 되어 훌륭한 결실을 맺을 것이다. 반대로 포함되는 내용이 없는 사람은 남성운이 좋지 않은 편에 속한다. 그러나 좌절할 필요는 없다. 메이크업으로 얼굴을 수정할 수가 있기 때문이다. 남성운이 좋은 얼굴로 메이크업을 하면 좋은 남성과 연이 닿아 자신도 모르게 연애운이나 결혼운이 좋아진다.

맞선을 성공시키는 메이크업

결혼하기 전까지는 마음껏 즐기고 결혼은 맞선으로 한다는 생각을 가진 사람들이 의외로 많다. 맞선을 통한 결혼은 상대방의 가문에서부터 경제력까지 상세하게 알 수 있고 한때의 정열로 상대방에게 속을 염려도 없어서 연애 결혼보다 안전하고 합리적이라고 할지 모르겠다.

맞선을 볼 때는 상대방을 관찰하는 자리이므로 아무리 신경을 써도 지나치지 않다. 이때 풍수에 맞는 메이크업으로 연출한 당신을 본다면 상대방은 반드시 좋은 연분이라고 느낄 것이다.

남성에게 호감을 주는 여성은 조심스럽고 여성스러우며, 견실하고 정숙한 타입이다. 물론 개개인에 따라 차이는 있겠지만 말이다. 그러므로 현대적 분위기를 강조하는 것은 좋지 않다. 오히려 몰개성적인 편이 낫다고 할 수 있다. 무색, 무미, 무취한 사람이 앞으로 어떻게든 변신할 수 있으리라는 생각을 가지게 하는 것이 중요하다.

맞선운이 없는 사람은 인상이 너무 강한 타입이다. 예컨대 평소에는 약간의 오기와 자기 주장이 확실하고 개성적인 여성을 좋아하던 남자라도 막상 자신의 반쪽을 찾는 맞선 상대로는 조심성 있고 여성스러운 타입에 끌리게 된다. 그러므로 얌전하고 귀여운 이미지로 메이크업을 하는 것이 성공을 부르는 비결이다.

메이크업 포인트

1. 양쪽 눈꼬리 옆부분에 연한 핑크빛 볼터치 파우더를 바른다. 눈과 눈썹 사이의 폭을 좁아 보이게 하기 위해 눈꺼풀도 옷에 맞는 색상의 섀도로 한다. 눈 아래에는 음영을 연출하는 파우더를 바른다.

2. 미간이 좁은 경우에는 정리하여 미간을 넓게 하며 브러시로 눈썹을 가지런히 하고 모양을 정리한다.

직장에서 남성에게 인기 있는 메이크업

건강함을 나타내는 피부가 남성을 끌어당기는 첫째 요건이다. 특히 이마에 윤기가 있으면 성장 과정이 좋다는 의미이므로 남성을 안심시키는 기가 있다.

메이크업 포인트

1. 이마 부분에서부터 콧날에 걸친 T존은 피지 분비가 많다. 화장이 잘 지워지는 곳이므로 파우더를 자주 바른다.

2. 눈썹은 자연스러운 굵기의 아치형이 좋다. 눈썹이 짙은 사람은 눈썹을 가지런히 하고 아치형이 되도록 정리하며 연한 사람은 짙어보이게 그린다.

캠퍼스에서 남성에게 인기 있는 메이크업

긴 속눈썹에 중점을 둔다. 이것은 여성 호르몬의 풍부함과 애정운을 나타낸다. 눈썹 집게로 손눈썹을 찍어올리고 한가닥 한가닥 정성들여 마스카라를 한다.

메이크업 포인트

1. 이마는 앞머리로 숨긴다. 조금 짙은 파운데이션을 목덜미까지 퍼프로 발라준다. 두껍게 칠해지지 않도록 잘 조절한다.

2. 시원스런 눈매를 연출한다. 펜슬 타입의 아이라이너를 사용하여 눈 첫머리와 눈초리는 가늘게 하고 눈동자 위는 굵어지도록 산 모양으로 라인을 그린다. 섀도를 그 위를 덧칠한다.

친구 결혼식에서 인연을 맺을 수 있는 메이크업

빛나는 자리에서는 남녀 모두 엄숙하게 된다. 이럴 때는 전통적인 한국 여성상이 호감을 사게 된다.

메이크업 포인트

1. 눈썹의 간격을 좁아 보이게 하려면 눈썹 첫머리를 짙은 홍차색 아이브로우 펜슬로 덧칠하고 그 위에 같은 색 섀도를 칠한다.

2. 입술은 윤곽을 뚜렷하게 립 펜슬이나 브러시로 그리고 같은 색으로 칠한다. 입술 윤곽은 의식적으로 폭을 좁게 하고 세로로 두껍게 그리면 작고 귀여운 입이 된다.

미적지근한 그에게 프로포즈받는 메이크업

포인트는 토실토실한 볼에 있다. 볼 전체에 핑크빛 볼 파우더를 바른다. 볼은 가정운이나 인기운을 나타내는 중요한 부분이다. 이곳을 풍요하게 보임으로써 인상 속에서 강한 가정성이 나타나게 된다.

메이크업 포인트

1. 눈썹은 둥근 형으로 하고 눈썹이 짙은 사람은 정리한다.

2. 눈과 눈썹 사이가 넓게 보이도록 연한 핑크색 아이섀도를 바른다. 또 눈초리 부분에도 핑크색 파우더를 바른다. 이마에는 파우더를 정성껏 발라 요염해 보이도록 한다.

각종 모임에 좋은 방향과 행동 지침

남녀의 결합은 만남의 기회가 남기는 결과물이다. 만남의 기회란 친구와의 모임일 수도 있고, 생일 축하 자리나 파티일 수도 있을 것이다. 또 친구의 결혼식장에 갔다가 인연이 될 수도 있을 것이다. 인연이란 이렇게 우연한 기회가 만들어준 선물이라고 생각할 수도 있지만 한편으로는 방위에 따라 나타난 결과물이다. 방위에 관한 내용은 잠시 뒤로 미루고 연인을 사로잡는 방법부터 알아보자.

반드시 선을 보는 자리가 아니라 친구의 결혼 피로연이나 크리스마스 파티 같은 자리에서 인연이 생길 수도 있으므로 이러한 장소에서 자신의 매력을 최대한 발휘하여 상대방을 사로잡아야 비로소 연애가 시작된다.

그럼, 이런 장소에서 상대방을 사로잡는 방법은 무엇이 있을까? 우선 그 모임의 내용과 격, 그리고 자신이 취해야 할 태도를 생각해 둘 필요가 있다.

격이라는 것은 대부분 파티 장소와 주체자에 의해서 정해진다. 일류회사의 주체로 호텔에서 벌어지는 파티와 몇몇 친구들끼리 모여서 벌이는 파티는 격의 차이가 있기 마련이다.

둘째 파티의 목적, 단순히 축하하기 위한 파티인지 아니면 자기가 왜

이 자리에 참석했는지를 생각할 필요가 있다. 친구를 사귀기 위해 참석했다면 명함을 돌릴 필요가 있을 것이고, 축하를 해주기 위한 목적이라면 진심으로 축하를 해줄 의무가 있다.

마지막으로 그 파티의 내용에 맞추어 어떤 태도를 취해야 할 것인가를 생각해야 한다. 단순히 분위기를 즐기면 되는 것인지 아니면 화려하게 차려입고 눈에 띄게 행동할 것인지 태도를 결정해야 한다.

이 세 가지를 정확히 인식한 후에는 그 파티 장소가 집에서 어느 방위인지 알아두어야 한다. 방위에 맞는 옷차림과 행동이 따로 있기 때문이다. 그 방위로 이동함으로써 방위의 운기가 자신에게 어떻게 작용하는지도 알아둘 필요가 있다. 즉 방위의 상성에 맞는 옷이나 색깔을 입으므로 인해서 운기가 순식간에 상승하게 되는 것이다.

8방위로 나누어 분석하면 좋겠지만 우선 동서남북 4방으로 나누어 살펴보도록 하자.

집에서 동쪽 방향

파티 장소가 집에서 동쪽 방향에 있을 경우에는 캐주얼한 옷차림이 어울린다. 팬츠 스타일의 유니섹스한 옷을 입고 참석한다. 머리는 가볍게 말아올리는 스타일이 아니라 남자처럼 빗어넘기는 것이 좋다. 이 동쪽은 남성적인 힘이 있기 때문이다.

색상은 흰색 바탕에 감색이나 빨간색 등으로 배색하는 것이 좋다. 수

줍음을 던져버리고 마음에 드는 남자에게 말을 건다. 그러나 저돌적으로 표현하라는 것은 아니다. 이 남자를 실마리(인연)로 하여 여러 사람과 사귀게 되는 것이다.

이 파티에서는 풍부한 화제를 나누면 좋다. 그것도 유행에 휩쓸리지 않는 내용의 최신 정보로 대화에 활기를 불어넣는 것이 요령이다. 그러기 위해서는 파티에 참석하기 전에 반드시 신문을 읽고 화젯거리를 모아두는 것이 필수이다.

동쪽은 원래 수다쟁이와 같은 사람을 좋아하므로 조용하고 차분한 것보다는 시끌벅적한 편이 오히려 남성들에게 관심의 대상이 될 것이다. 이 자리에서는 알코올은 가급적 피하고 오렌지와 포도주 등이 좋다. 이 음료들은 동쪽과 상성이 잘 맞는다.

음식은 샐러드처럼 새콤달콤하거나 초밥 같은 것이 좋다. 만약 2차가 예정되어 있다면 남자가 많은 곳으로 가는 게 좋다. 그리고 귀가는 빨리 해야 한다. 좀더 만나고 싶은 상대가 있다면 음악이나 취미를 화제로 삼아 자연스럽게 전화번호를 가르쳐 준다. 동쪽은 소리나는 것을 좋아하는 방위이기 때문에 전화번호를 가르쳐주면 좋다.

한 가지 명심할 일은 지각은 금물이라는 것이다. 파티장에 늦게 도착하는 것은 매우 좋지 않다. 이 동쪽은 아침의 태양이 솟아오르는 방위이므로 일찌감치 승부에 도전하지 않으면 안 된다.

집에서 남쪽 방향

남쪽은 '연상의 여인'이라는 의미가 있다. 그러므로 실제 나이보다 성숙한 이미지, 지적인 이미지를 표출하는 것이 좋다. 패셔닛하게 샤넬이나 에르메스풍의 옷차림에 색상은 초록색이나 베이지, 아니면 흰색, 혹은 검은색이 좋다. 금과 은은 남쪽과 상성이 맞으므로 액세서리 등도 많이 겹쳐서 장식하고 파티에 참석한다. 메이크업은 좀 진한 듯하게 하는 것이 좋다. 육감적인 분위기를 낼 수 있도록 립스틱이나 아이라인도 정성들여 그린다.

남쪽은 밝은 것, 빛나는 것과 상성이 잘 어울린다. 그러므로 밝은 조명 아래에 앉는 것이 좋다. 목소리도 젊은 여자의 음성으로 말한다. 남쪽은 지위, 명예라는 의미가 있기 때문에 격이 낮아보이는 통속적인 행동은 삼가야 한다. 파티장에서 자신의 과거를 알고 있는 남자와 마주친다고 해도 모르는 체하는 것이 좋다.

음식은 게나 새우가 좋고 술은 샴페인이나 위스키, 브랜디 등 고급 술을 마시는 것이 좋다. 이것은 남쪽 파워를 높여주는 것이라고 할 수 있다. 이 남쪽에는 두 번 되풀이하는 힘이 있다. 때문에 여기서 알게 된 남자와는 다시 한번 만나게 된다. 그러므로 지나치게 조급한 마음을 가질 필요는 없다.

다른 사람에게 말을 걸 때는 어디서 한번 본 적이 있는 것 같다는 말을 꺼내서 상대방에게 친밀감 있게 다가가는 것이 좋다. 2차를 갈 경우에는 같은 건물 내의 바(bar)가 좋다. 건물 밖으로 나갈 경우는 집으로 돌아오는 편이 오히려 낫다. 단 커플의 경우 네 사람이 함께 밖으로 나와도 괜찮다. 아무튼 두 번이라는 운기에 구애받도록 하는 것이 포인트이다.

집에서 서쪽 방향

서쪽은 사랑스러운 여자 아이의 운기가 있다. 흰색이나 핑크 계열이 좋고 금이나 은도 상성에 좋지만 지나치게 화려하거나 너무 눈에 띄지 않게 치장하는 것이 원칙이다.

맥주를 마시면 좋다. 마음에 드는 사람을 발견했을 때는 취한 척 천진난만하게 응석을 부린다. 서쪽이 가지고 있는 힘이 요염한 여자로 보이게 해줄 것이다. 요리는 육류, 특히 치킨은 좋은 음식이다. 이 서쪽에는 닭 요리의 운기가 있다. 음식을 먹고 난 후에는 너무 맛있었다고 주최자에게 말해주는 것을 잊지 말아야 한다.

그뿐만 아니라 서쪽은 미소나 웃음소리에 대한 운기도 가지고 있으므로 시시때때로 웃는 것도 좋다. 그러나 남의 험담이나 스캔들, 자기 자랑은 금물이다. 입은 화의 근원이 될 수가 있다.

2차를 갈 경우에는 술집이나 노래방도 좋다. 원래 이 서쪽은 음란한 운기가 있다. 그러므로 이 모임에서 알게 된 남자와 그 자리에서 호텔로 향할 수도 있다. 그러나 나중에 골치 아픈 인연이 될 가능성이 있으므로 세심한 주의가 필요하다.

집에서 북쪽 방향

매우 진지한 여학생의 이미지나 아주 화려한 카페 여주인 같은 옷차림이 좋다. 지식인이나 호스티스 양극단이면 좋다. 문학 소녀풍에 꼭 끼는 슈트나 호스티스풍에 곡선미를 강조하는 스타일, 어느 쪽이든 자신에게 어울리는 것을 선택한다.

색상은 문학 소녀풍이든 호스티스풍이든 모두 흰색이나 검은색, 회색이 좋다. 그러나 호스티스풍이라 해도 너무 천한 듯 보이는 것은 안 된다. 메이크업도 약간 억제하는 듯하게 세련되게 한다. 성숙한 여자처럼 차분한 분위기로 표현하는 것도 좋다. 음식은 정식이나 생선 등이 좋으며 술은 무엇이든 좋다.

북쪽은 돈의 운기가 있는 방위이다. 파티장에는 돈을 약간 여유 있게 가지고 가는 것이 좋다. 돈을 많이 가진 듯한 인상이 북쪽의 파워를 높여주기 때문이다. 그리고 어두운 것을 좋아하므로 밝은 조명이 비치는 곳보다 약간 어두운 듯한 구석자리가 더 매력적으로 보이게 해줄 것이다. 2차는 두 사람만이 차분히 즐길 수 있는 곳이 좋다. 지하에 있는 바(bar)가 가장 좋다.

이성을 부르는 색(色)

　풍수에서는 색깔을 이용하여 상대의 마음을 사로잡을 수 있기 때문에 매우 중요시한다. 색깔을 활용하는 기본 수단으로는 오행 팔괘 색상표를 사용한다. 8개의 3효와 오행 색깔을 결합한 신비의 8각형은 대지나 건물, 방, 또는 사람의 배치에 활용된다.

　상대방이 좋아하는 색상의 옷을 입고 나감으로서 호감을 사게 되고 프로포즈를 받으며 결국 결혼이라는 결실을 맺게 되는 것이다. 그뿐만 아니라 신체의 부위와 방위, 여덟 가지 운명에 대해서도 알려준다. 아홉 번째 방위인 중앙은 오행의 토(土)와 노란색, 그리고 여타 신체 부위와 함께 작용을 하게 된다. 이 8괘를 활용한 색깔의 용도는 무한하지만 그 기본 개념은 변함이 없다. 이 팔괘를 침실과 신체 등에 적용해 보면 비로소 그 진가를 깨닫게 될 것이다.

　올바른 방위에 적절한 색깔을 적용하면 분명 운명이 개선될 것이다. 연애나 결혼운도 색상에 따라 운이 들어오므로 관심을 가질 필요가 있다. 색깔은 정서와 느낌에 크게 영향을 미친다.

　예를 들면 원색과 밝은 색은 기분을 들뜨게 만들고, 어두운 색은 마음을 차분하게 갈라앉혀 준다. 이런 색상은 감정의 결단을 촉구한다. 서양에서는 흰색은 순수함을 뜻하여 결혼하는 신부는 주로 흰색 드레스를 입는다. 하지만 동양에서는 흰색이 겨울이나 죽음, 휴식을 의미하기 때문에 상복이나 시체를 덮는 천으로 사용되기도 한다.

　또 이웃나라 중국에서는 신부가 흰색을 입으면 결혼생활이 불행해진다고 믿는다. 그래서 이들은 잠자리에서 흰색 이부자리를 사용하는 것도 꺼린다고 한다.

구성의 오행 색채 조견표

오행(五行)	구성(九星)	오행색(五行色)	구궁(九宮)	방위(方位)
수(水)	일백수(一白水)	흑색(黑色)	감(坎)	북(北)
토(土)	이흑토(二黑土)	황색(黃色)	곤(坤)	남서(南西)
목(木)	삼벽목(三碧木)	청색(靑色)	진(震)	동(東)
목(木)	사록목(四綠木)	청색(靑色)	손(巽)	남동(南東)
토(土)	오황토(五黃土)	황색(黃色)	중앙(中央)	중앙(中央)
금(金)	육백금(六白金)	백색(白色)	건(乾)	북서(北西)
금(金)	칠적금(七赤金)	백색(白色)	태(兌)	서(西)
토(土)	팔백토(八白土)	황색(黃色)	간(艮)	북동(北東)
화(火)	구자화(九紫火)	적색(赤色)	리(離)	남(南)

　위의 색채 조견표에 의한 자신의 구성(本命星)이 오행성으로 맞추어 집의 구조색이나 배치, 그리고 연애나 맞선을 보러 나갈 때 이 색상에 맞추어 입고 나가면 소망이 쉽게 이루어진다. 그것은 기가 활성화되기 때문이다.

일백수성(一白水星)은 백색, 청색, 흑색이 길하다.

이흑토성 (二黑土星)은 붉은색, 황색이 길하다.

오황토성(五黃土星)은 황색, 적색 백색이 길하다.

팔백토성(八白土星)은 암적색, 청색, 황색이 길하다.

삼벽목성(三白木星)은 엷은 자주색, 붉은색이 길하다.

사록목성(四綠木星)은 청색, 흑색, 적색이길하다

육백금성(六白金星)은 청색, 혹은 푸른색 계통, 자주색이 길하다.

칠적금성(七赤金星)은 백색, 황색, 흑색이 길하다.

구자화성(九紫火星)은 적색, 청색, 황색이 길하다

예를 들어 1961년생 남자는 본명성이 진(震)이며 삼벽목성이다. 오행상은 목이므로 이 사람은 집의 지붕 색깔이 청색이면 좋고, 이성과 교제를 할 때도 청색 옷을 입고 나가면 연애운이나 결혼운이 상승되어 좋은 결과가 생기게 된다.

1980년생 남자는 이흑토성으로 구궁은 곤, 방위는 남서쪽, 색상은 황색을 입고 나가면 좋다.

1980년생 여자는 사록목성으로 구궁은 손, 방위는 남동쪽, 색상은 청색을 입고 나가면 좋다.

1981년생 남자는 일백수성으로 구궁은 간, 방위는 북쪽, 색상은 흑색을 입고 나가면 운에 닿고 길하다.

1981년생 여자는 팔백토성으로 구궁은 건, 방위는 북동쪽, 색상은 황색 옷을 입고 나가면 운에 닿고 길하다.

1982년생 남자는 구자화성으로 구궁은 리, 방위는 남쪽, 색상은 붉은색 옷을 입고 가면 좋다(남자가 붉은 옷을 꺼리는 경우가 있으므로 분홍색 셔츠나 내의도 좋다).

1982년생 여자는 육백금성으로 구궁은 건, 방위는 북서쪽, 색상은 흰색 옷을 입고 나가면 운에 닿고 길하다.

1983년생 남자는 팔백토성으로 구궁은 간, 방위는 북동쪽, 색상은 황색 옷을 입고 나가면 운에 닿고 길하다.

1983년생 여자는 칠적금성으로 구궁은 태, 방위는 서쪽, 색상은 흰색 옷을 입고 나가면 운에 닿고 길하다.

1984년생 남자는 칠적금성으로 구궁은 태, 방위는 서쪽, 색상은 흰색 옷을 입고 나가면 운에 닿고 길하다.

1984년생 여자는 팔백토성으로 구궁은 간, 방위는 북동, 색상은 황색 옷을 입고 나가면 운에 닿고 길하다.

1985년생 남자는 육백금성으로 구궁은 건, 방위는 북서, 색상은 흰색 옷을 입고 나가면 운에 닿고 길하다.

1985년생 여자는 구자화성으로 구궁은 리, 방위는 남쪽, 색상은 붉은색 옷을 입고 나가면 운에 닿고 길하다.

1986년생 남자는 이흑토성으로 구궁은 곤, 방위는 남서쪽, 색상은 황색 옷을 입고 나가면 운에 닿고 길하다.

1986년생 여자는 일백수성으로 구궁은 감, 방위는 북쪽, 색상은 검정 옷을 입고 나가면 운에 닿고 길하다.

1987년생 남자는 사록목성으로 구궁은 손, 방위는 동남쪽, 색상은 청색 옷을 입고 나가면 운에 닿고 길하다.

1987년생 여자는 이흑토성으로 구궁은 곤, 방위는 남서쪽, 색상은 황색 옷을 입고 나가면 운에 닿고 길하다.

1988년생 남자는 삼벽목성으로 구궁은 진, 방위는 동쪽, 색상은 청색 옷을 입고 나가면 운에 닿고 길하다.

1988년생 여자는 삼벽목성으로 구궁은 진, 방위는 동쪽, 색상은 청색 옷을 입고 나가면 운에 닿고 길하다.

1989년생 남자는 이흑토성으로 구궁은 곤, 방위는 남서쪽, 색상은 황색 옷을 입고 나가면 운에 닿고 길하다.

1989년생 여자는 사록목성으로 구궁은 손, 방위는 남동쪽, 색상은 청색 옷을 입고 나가면 운에 닿고 길하다.

그러나
일백수성은 흑색,
이흑토성은 황색,
삼벽목성은 청색,
사록목성은 청색,
오황토성은 황색,
육백금성은 백색,
칠적금성은 백색,
팔백토성은 황색,
구자화성은 적색

이렇게 단순히 한 가지 색으로 끝나는 것이 아니고 오행색 외에 상생

관계의 색도 있으므로 이 관계의 색은 모두 좋다. 예를 들어 자신의 구성(九星)이 삼벽목성(三碧木星)이라면 자신의 오행은 목이므로 목과 상생관계에 있는 오행을 모두 살피게 된다. 오행의 상생, 상극은 아래와 같다.

    상생되는 오행 : 목―화―토―금―수―목
    상극되는 오행 : 목―토―수―화―금―목

따라서 목(木)을 이롭게 하는 수, 목이 이로움을 주는 화의 오행 역시 자신에게 유리하고 좋은 색이 된다. 그러므로 삼벽목의 본명성을 가진 사람은 목, 수, 화 이 3가지 오행과 색상에 길한 영향을 받을 수가 있다.

여기서 목의 오행색이 청색, 수가 흑, 그리고 화는 적색이므로 삼벽목성을 가졌다면 3가지 색(청, 흑, 적색)을 모두 사용해도 좋다. 이것을 다시 쉽게 정리해 보자.

일백수성인 사람은 백, 청, 흑색이 길하다.
이흑토성, 오황토성, 팔백토성인 사람은 황, 적, 백색이 길하다.
육백금성, 칠적금성인 사람은 백, 황, 흑색이 길하다.
구자화성인 사람은 적, 청, 황색이 길하다.

위에서도 잠시 언급했지만 연애나 결혼운에 있어서 좋은 운을 얻으려면 옷 색깔에도 행운이 따르게 되어 있으므로 가능한 한 위의 세 가지 색상 중 하나를 택하면 좋다. 3가지 색 모두 어울리면 더욱 좋다. 즉 여성의 경우 윗옷과 스커트, 양말의 색깔을 각각 달리하여 3가지 색을 만들 수도 있다. 이 색상을 밖으로 내보이기 어렵다면 내의로 착용을 해도 무관하다.

본명성 산출표

태어난 연도로 자신의 본명성을 알 수 있다. 그러나 1월 1일에서 2월 3일 사이에 태어난 사람은 전년도 본명성을 따른다. 즉 1944년 1월 12일에 태어난 사람은 삼벽목성이다.

일백수성 一白水星	1945년	1954년	1963년	1972년	1981년	1990년	1999년	2008년	2017년
이흑토성 二黑土星	1944년	1953년	1962년	1971년	1980년	1989년	1998년	2007년	2016년
삼벽목성 三碧木星	1943년	1952년	1961년	1970년	1979년	1988년	1997년	2006년	2015년
사록목성 四綠木星	1942년	1951년	1960년	1969년	1978년	1987년	1996년	2005년	2014년
오황토성 五黃土星	1941년	1950년	1959년	1968년	1977년	1986년	1995년	2004년	2013년
육백금성 六白金星	1940년	1949년	1958년	1967년	1976년	1985년	1994년	2003년	2012년
칠적금성 七赤金星	1939년	1948년	1957년	1966년	1975년	1984년	1993년	2002년	2011년
팔백토성 八白土星	1938년	1947년	1956년	1965년	1974년	1983년	1992년	2001년	2010년
구자화성 九紫火星	1937년	1946년	1955년	1964년	1973년	1982년	1991년	2000년	2009년

2005년

방위	북	북동	동	동남	남	남서	서	북서
1월			■				□	
2월	□				□			
3월	□				△			
4월							□	
5월							■	
6월					△		■	
7월	△				□			
8월	□				□		■	
9월							■	
10월							□	
11월	□				□			
12월	□							

2006년

방위	북	북동	동	동남	남	남서	서	북서
1월							□	
2월		□						■
3월	△				□			
4월	△	■			■	△		
5월	□				■			
6월		■				□		□
7월						□		
8월	□				■			□
9월	□				□			□
10월		□				□		
11월		□				△		■
12월	△							

2007년

방위	북	북동	동	동남	남	남서	서	북서
1월	△	■			■			■
2월	■		△		■		■	
3월			△					
4월			□				□	
5월	■				■			
6월					□			
7월			□				□	
8월			□				■	
9월	□				□		■	
10월	□				■			
11월	■		△		■		■	
12월			△				■	

2008년

방위	북	북동	동	동남	남	남서	서	북서
1월			□				□	
2월				□				△
3월				□				△
4월		□	□			■	□	
5월		□	□	□		□	■	
6월			△				■	
7월				△		□		□
8월			△				■	
9월		■		△		■	■	△
10월		■	□			■	□	
11월								△
12월				□				△

2005년

방위	북	북동	동	동남	남	남서	서	북서
1월				□				□
2월	□				□			
3월		□				△		
4월		■				△		
5월	□				■			
6월		■			■	△		
7월	■				■	□		
8월	■				■			
9월		□				□		
10월		□				□		
11월	□				□			
12월		□				△		

2006년

방위	북	북동	동	동남	남	남서	서	북서
1월		■						
2월	□				■			
3월	■	■			■	□		
4월	■	■			■	■		
5월	■				■			
6월		□				■		
7월						■		
8월	□				□			
9월		□				□		
10월		■				□		
11월	□				■			
12월	■	■						

2007년

방위	북	북동	동	동남	남	남서	서	북서
1월	■	■			■			
2월	■		■		■		△	△
3월			■					
4월								
5월	□		■		□		△	
6월								□
7월			□				□	
8월	□		□		■		□	□
9월	■				■			
10월	■				■			
11월	■		■		■		△	△
12월			■				△	

2008년

방위	북	북동	동	동남	남	남서	서	북서
1월								△
2월			■				△	
3월		△				□		
4월		□	□			□	□	
5월			□				□	
6월		□				□		
7월						■		
8월			■				△	
9월		△				■	△	
10월		△				■		
11월			■				△	
12월		△				□		

삼벽목성의 길한 방위

2005년

방위	북	북동	동	동남	남	남서	서	북서
1월				□				□
2월							□	
3월		□				■		
4월	□				□	△	△	
5월	■	△			□	□		
6월		△			△	■	△	
7월	□				△	■		
8월	□				△		□	
9월		□				□		
10월							△	
11월							□	
12월		□				■		

2006년

방위	북	북동	동	동남	남	남서	서	북서
1월	□				□		△	
2월	□	△			□			□
3월	□	△			△	■		
4월	△	△			△	■		
5월	△				△			
6월		□				□		□
7월								■
8월								■
9월		□				■		□
10월	△				□			
11월	□	△			□	□		□
12월	□	△				■		

2007년

방위	북	북동	동	동남	남	남서	서	북서
1월	△	△			△			■
2월	△		■		△		■	
3월								
4월			□				□	
5월			□				■	
6월								
7월	△		■		□		□	
8월	□				□			
9월	□				△		□	
10월	△				△			
11월	△		■		△		■	
12월								

2008년

방위	북	북동	동	동남	남	남서	서	북서
1월			□				□	
2월				□				□
3월		■		□		□		△
4월								
5월		□		■		△		
6월		□				□		
7월				□		□		□
8월								
9월		■		■		△		△
10월								□
11월								□
12월		■		□		□		△

2005년

방위	북	북동	동	동남	남	남서	서	북서
1월			□				△	
2월							□	
3월	■				△			
4월	□	□			□	■		
5월	■	△			□	□	△	
6월		△			△	■	△	
7월	□				△	■		
8월	□				△			
9월							□	
10월		□				□	△	
11월					□		□	
12월	■							

2006년

방위	북	북동	동	동남	남	남서	서	북서
1월	□	□			□			
2월	□	△			□			
3월	□	△			△	■		
4월	△	△			△	■		
5월	△				△			
6월								
7월						□		
8월								
9월	□				△			
10월	△	□			□	■		
11월	□	△			□	□		
12월	□	△				■		

2007년

방위	북	북동	동	동남	남	남서	서	북서
1월	△	△			△			
2월	△				△			■
3월								□
4월								
5월								
6월					△			□
7월	△				□			
8월	□				□			
9월	□				△			
10월	△				△			
11월	△				△			■
12월								□

2008년

방위	북	북동	동	동남	남	남서	서	북서
1월								■
2월			△	□			■	□
3월				□				△
4월								
5월			□				□	
6월			△				□	
7월								
8월				■				□
9월				■			■	△
10월			△				□	□
11월			△				■	□
12월				□				△

오황토성의 길한 방위

2005년

방위	북	북동	동	동남	남	남서	서	북서
1월			□	□			■	□
2월	□				□		□	
3월	□	□			■	△		
4월	■	■			□	△	■	
5월	□	■			■	□	■	
6월		■			■	△	■	
7월	■				■	□		
8월	■				■		□	
9월		□				□	□	
10월		□				□	■	
11월	□				□		□	
12월	□	□				△		

2006년

방위	북	북동	동	동남	남	남서	서	북서
1월	■	■			□		■	
2월	□	■			■			□
3월	■	■			■	□		
4월	■	■			■	■		
5월	■				■			
6월		□				■		□
7월						■		△
8월	□				□			□
9월	□	□			■	□		□
10월	■	■			□	□		
11월	□	■			■	■		□
12월	■	■				□		

2007년

방위	북	북동	동	동남	남	남서	서	북서
1월	■	■			■			△
2월	■		■		■		△	△
3월			■					□
4월			■				□	
5월	□		■				△	
6월					■			□
7월	■		□		□		□	
8월	□		□		■			
9월	■				■		□	
10월	■				■			△
11월	■		■		■		△	△
12월			■				△	□

2008년

방위	북	북동	동	동남	남	남서	서	북서
1월			■				□	△
2월			■	■			△	■
3월		△		■		□		■
4월	□	□				□	□	
5월	□	□	□				■	□
6월		□	■				□	□
7월				■		■		□
8월			■	□			△	
9월		△		■		■	△	■
10월		△	■			■	□	□
11월		■					△	■
12월	△			■		□		■

2005년

방위	북	북동	동	동남	남	남서	서	북서
1월			□				■	
2월	△				□			
3월	△	■			■	□		
4월	□	□			■	□		
5월	□	■			□	■		
6월		■			■	■		
7월	□				■			
8월								
9월		□				■		
10월								
11월	△				□			
12월	△	■				□		

2006년

방위	북	북동	동	동남	남	남서	서	북서
1월	□	□			■			
2월	■				□			
3월	□				■			
4월	■				■			
5월								
6월								□
7월								□
8월	□				□			△
9월	□				■			
10월	■				■			
11월	■				□			
12월	□							

2007년

방위	북	북동	동	동남	남	남서	서	북서
1월	■				■			△
2월			△				△	△
3월			□					□
4월			□				□	
5월								
6월								
7월			△				□	
8월			△				□	
9월								
10월								△
11월			△				△	△
12월			□				△	□

2008년

방위	북	북동	동	동남	남	남서	서	북서
1월			□				□	□
2월				□				□
3월		□				□		
4월		△	□			□	□	
5월		□	□			■	□	
6월		□				■		
7월				□				□
8월			□	□			△	□
9월		△		△		■	△	■
10월			■				□	■
11월								□
12월		□				□		

2005년

방위	북	북동	동	동남	남	남서	서	북서
1월				□				■
2월	△				□		■	
3월	△				■			
4월	□				■		■	
5월	□				□			
6월					■		■	
7월								
8월							□	
9월							□	
10월								
11월	△				□		■	
12월	△							

2006년

방위	북	북동	동	동남	남	남서	서	북서
1월	□				■		■	
2월		■						□
3월								
4월		■				△		
5월								
6월								□
7월						□		□
8월								
9월		■				△		□
10월		□				△		
11월		■				□		□
12월								

2007년

방위	북	북동	동	동남	남	남서	서	북서
1월		■						△
2월			△				△	△
3월			□					□
4월								
5월			□				□	
6월								□
7월			△				□	
8월								□
9월							□	
10월								△
11월			△				△	△
12월			□				△	□

2008년

방위	북	북동	동	동남	남	남서	서	북서
1월								□
2월			■				□	
3월				□				■
4월			□				□	
5월				△				
6월			■				□	
7월				□				□
8월			□	□			△	□
9월				△			△	■
10월							□	■
11월			■					
12월				□				■

2005년

방위	북	북동	동	동남	남	남서	서	북서
1월			□				■	
2월							□	
3월		□				△		
4월		■				△		
5월							■	
6월		■				△	■	
7월						□		
8월							□	
9월		□				□		
10월		□				□	■	
11월							□	
12월		□				△		

2006년

방위	북	북동	동	동남	남	남서	서	북서
1월		■						
2월								□
3월		■				□		
4월		■				■		
5월								
6월		□				■		□
7월						■		
8월								□
9월		□				□		
10월		■				□		
11월								□
12월		■				□		

2007년

방위	북	북동	동	동남	남	남서	서	북서
1월		■						△
2월	■		■		■		△	△
3월								□
4월			■				□	
5월	□		■		□		△	
6월					■			
7월	■				□			
8월	□		□		■		□	□
9월							□	
10월								△
11월	■		■		■		△	△
12월			□					□

2008년

방위	북	북동	동	동남	남	남서	서	북서
1월			■				□	
2월				■				■
3월		△				□		
4월		□				□		
5월				□				
6월		□						
7월				■		■		□
8월				□				□
9월		△		■		■		■
10월		△				■		
11월								■
12월		△				□		

구자화성의 길한 방위

2005년

방위	북	북동	동	동남	남	남서	서	북서
1월			□	■			□	
2월							△	
3월		△				□		
4월							□	
5월		□				□	△	
6월		△				△	△	
7월								
8월								
9월		□				△	□	
10월		□				△	□	
11월							△	
12월		△				□		

2006년

방위	북	북동	동	동남	남	남서	서	북서
1월							□	
2월								□
3월								
4월	■				△			
5월	□				△			
6월								
7월								□
8월	■				□			
9월	■				□			■
10월	■				△			
11월								□
12월								

2007년

방위	북	북동	동	동남	남	남서	서	북서
1월	■				△			■
2월	△				△			■
3월								□
4월								
5월	□				□			
6월					□			■
7월	□				△			
8월								□
9월								
10월	□				△			■
11월	△				△			■
12월								

2008년

방위	북	북동	동	동남	남	남서	서	북서
1월								□
2월			□				□	
3월		□				□		
4월			■				■	
5월		■	■			□	□	
6월		□	■			△	□	
7월								
8월								
9월		■				△	■	
10월		■	□			△	■	
11월			□				□	
12월		□				□		

인연의 필수 아이템, 꽃과 식물

인간에게는 희로애락이 있는데 이것을 다시 크게 두 가지로 나누면 기쁨과 슬픔이라고 할 수 있다. 즉 기쁜 일과 슬픈 일. 그런데 태어날 때의 생(生)의 기쁨이나 죽음을 맞는 이별의 슬픔, 이처럼 좋은 일과 슬픈 일은 꽃과 인연이 깊다.

탄생의 기쁨을 축하하기 위해서도 꽃이 있기 마련이고, 죽음에 임해서도 역시 꽃이 함께 한다. 결혼과 같은 인생의 가장 즐거운 날도 꽃과 함께 하기 마련이다. 그러므로 인연이 있는 곳에는 꽃이 있다고 하겠다.

꽃은 사람에게 생기의 기를 안겨준다. 풍수에서도 꽃에는 행운을 가져다주는 힘이 있다고 한다. 어느 곳에 어떤 꽃을 장식해도 상관은 없겠지만 아무래도 소망을 이룰 수 있도록 장식하는 것이 좋다.

풍수에서는 꽃에도 음양오행을 적용시켜 음의 꽃과 양의 꽃으로 분류를 하고 있으므로 집의 요소요소에 알맞게 장식하여 기를 높여주도록 한다. 기가 부족한 장소에 알맞은 꽃을 장식하여 균형을 잡으면 된다. 즉 차가운 기가 있는 장소에는 따뜻한 꽃을 장식하고, 따뜻하고 양이 지나치게 강한 장소에는 차가운 꽃을 놓아 균형을 잡게 만드는 것이다.

꽃송이가 큰 것은 양, 작은 것은 음으로 생각하기도 한다. 꽃의 색상에 따라서도 바라는 운기가 있다고 할 수 있는데 그것은 앞에서 설명한 색깔에도 나타난다고 할 수가 있다. 그러므로 자기가 소망하는 색상의 꽃을 장식하면 바라는 바를 빨리 이룰 수 있게 될 것이다.

한색(차가운 색깔)의 꽃은 인간관계를 원만하게 이루게 하는 힘을 가지고 있다. 그뿐만 아니라 기를 정화하는 작용도 가지고 있다.

보라색 꽃은 예술적 감성이 풍부해진다. 창조적인 직업을 가진 사람에게 좋다. 두뇌가 활발해져서 감성이 예리해진다.

파랑과 청색 꽃은 자신을 억제시켜 냉정한 판단이 이루어진다. 스트레스가 심할 때 동쪽에 이 꽃을 놓으면 냉정을 되찾을 수 있다. 불안함을 느낄 때는 남쪽에 이 색깔의 꽃을 놓는다.

노랑과 황색 꽃은 금운을 높여주며 명랑하게 바꿔준다. 돈을 많이 벌고 싶으면 노랑과 황색 꽃을 밝게 장식한다. 특히 욕실을 이 색깔의 꽃으로 장식하면 좋다.

꽃은 연애와 결혼운을 높여준다.

붉은 꽃은 원기를 북돋워주고 기획력을 높여준다. 피로할 때에는 이 색깔의 꽃이 좋다.

연두와 녹색 꽃은 안전, 안심 등을 표현한다. 타인에게 신뢰를 받고 싶거나 침착해지고 싶을 때에 장식한다.

핑크(분홍)색 꽃은 인연을 굳게 하는 힘이 있다. 그러므로 연애운이나 결혼운을 높이고 싶을 때는 이 색깔의 꽃을 이용한다. 주변을 밝게 하기도 한다.

노란색 꽃은 기운을 밝게 한다. 사교나 인연을 맺고 싶은 마음을 불러일으키는 운기가 있다. 결혼운을 바란다면 이 노란색 꽃을 장식할 필요가 있다.

위의 각 색상별 꽃의 유형으로 보아 분홍색과 노란색 꽃이 연애와 결혼운을 높여준다.

풍수에서 꽃에는 행운을 가져다주는 힘이 있다고 한다.
어느 곳에 어떤 꽃을 장식해도 상관은 없지만 아무래도 소망을 이룰 수 있도록
장식하는 것이 좋다.

연애운을 높이는 꽃의 방위

연애운을 높이는 꽃의 색상은 핑크색이 좋다. 핑크색이란 분홍색, 또는 복숭아색을 말한다. 이 꽃을 장식하는 방위는 북쪽과 동남쪽, 그리고 서쪽이 적당하다. 그러므로 집의 중심에서 주로 이 방향을 향해 놓도록 한다.

북쪽

연인을 사로잡고 싶을 때 분홍색과 흰색 꽃을 곁들여 북쪽 방향에 놓도록 한다. 두견화(참꽃)나 철쭉, 복사꽃 등 분홍색 꽃과 흰색 철쭉이나 찔레꽃, 수선화 등도 좋다. 이 꽃을 장식할 때는 유선형의 꽃병에 꽂으면 그 효과는 더욱 증가된다.

동남쪽

동남쪽은 훈풍을 만나는 방위이다. 역시 연인을 만나고 싶다면 동남쪽에 분홍색 꽃을 장식한다. 사록목성이므로 기본색은 녹색과 청색이지만 그중에서도 좋은 색은 흑색, 분홍색, 녹색 등 3가지 색상이 좋다.

서쪽

서쪽은 칠적금성 방향이므로 흰색과 분홍색이 가장 좋다. 이 꽃은 둥글게 꽂는 것도 한 방법이다.

결혼운을 높여주는 꽃의 방향

상대방이 결혼에 대해 결단을 내리지 못하고 질질 끌 때는 꽃을 집의 중심에서 세 방향을 택해서 놓는다.

북쪽

일백수성 방향이므로 청색이나 흑색, 하얀색 등을 북쪽을 향해서 장식하도록 한다. 꽃병은 둥근 형태가 좋다.

동남쪽

청색, 흑색, 적색 꽃을 장식한다. 사록목성의 방향이다. 분홍도 좋다. 펑퍼짐하게 꽂는 것이 좋다.

서쪽

칠적금성 방향이다. 하얀색 꽃이나 크림색 꽃이 좋다. 결혼의 힘이 촉구될 수 있다.

조화는 생화보다 기가 떨어진다

간혹 조화를 장식하면 어떤지 물어오는 독자분들이 있다. 물론 생화보다는 그 기가 떨어진다. 풍수에서는 살아 있지 않은 기는 아무 소용이 없다고 믿는다. 하지만 시각적으로는 매력이 있어서 역시 꽃의 감정을 느끼게 된다. 그러므로 조화라 하더라도 전혀 없는 것보다는 낫다고 할 수 있다.

시든 꽃을 그대로 내버려두면 오히려 해가 된다

생명이 다한 꽃(시든 꽃)은 좋지 않다. 마르고 시들어 버린 꽃은 향이 사라지고 음기가 가득 차기 때문이다. 향이 없다는 것은 기의 원천을 잃어버린 것이다.

꽃의 위치를 조금씩 옮겨주어야 한다

아무리 좋은 방향에 꽃을 장식해 두었더라도 그대로 오랫동안 내버려두면 기를 불러들이는 힘이 사라지기 마련이다. 따라서 사람에게 미치는 영향도 약해진다. 그러므로 꽃의 위치를 조금씩 바꾸거나 꽃의 종류나 배열을 달리할 필요가 있다.

3 장
사랑을 이루는 연애풍수 인테리어

매력적으로 변신하는 침실 인테리어

남성으로부터 사랑을 받는 매력적인 여성들을 떠올리면 우선 계절적으로는 봄에 관련된 것을 먼저 연상하게 된다. 봄은 새싹이 돋아나는 나무(木)를 상상하게 되므로 인테리어에 있어서도 나무를 사용할 필요가 있다.

침대는 물론이고 화장대, 서랍장, 텔레비전 장식장 등 침실에 두는 가구는 목재로 된 것을 사용한다. 되도록 원목 가구 그대로가 좋다. 그러면 잠자는 동안 나무의 기를 많이 흡수할 수 있어서 노화를 방지하고 활력을 얻게 된다. 젊고 발랄한 모습으로 변신한다는 것이다. 또 침대 커버나 카펫, 그리고 커튼, 벽지의 색깔도 흰색이나 핑크, 베이지처럼 주로 봄을 나타내는 연하고 따뜻한 색깔로 통일하는 것이 효과적이다.

이러한 색상은 여성들에게 있어서 젊음과 아름다움을 나타낸다. 침대는 주로 입구를 향하게 하고, 머리는 창문을 향하여 자도록 하는 것이 좋다. 심리적으로 안정감을 얻을 수 있고 충분하게 잠을 잘 수도 있다. 잠을 자고 나면 머리카락이 윤기가 있고 화장도 크게 달라진다.

대부분 여성들의 침실을 보면 화려하게 꾸미고 간접 조명으로 통일되어 있는 것을 볼 수가 있다. 이러한 것은 결코 좋다고 할 수만은 없다. 특히 전등은 백열등보다는 침실 전체를 균일하게 비치는 형광등으로 하는 것이 좋다. 방안의 조명은 한마디로 당신의 센스를 단련하는 활동적 감각이 된다.

특히 분홍색 형광등의 경우 남성과 만났을 때 화제가 풍부하여 '함께하게 되어 즐겁다' 는 이미지를 심어주어 한층 신뢰감이 생긴다. 그리고 침대 머리맡 옆의 작은 장식장에는 스탠드를 하나 놓도록 한다.

그리고 동쪽 벽에는 자연을 배경으로 한 풍경화나 풍경 사진을 걸어두어도 좋다. 주로 나무(木)를 모티프로 해야 한다. 이렇게 되면 당신은 남성 앞에서도 긴장하는 일이 없고 당당하게 나설 수 있게 된다.

이러한 인테리어는 연애운을 부르는 운도 있겠지만 당신의 잠재의식 속에 항상 스타일이 인식되어서 다이어트 등이 지속되기도 한다.

연애, 결혼 환경에 좋은 침대 위치와 가까이에 두는 장식 소품

침실에 두면 연애운을 돕는 인테리어 소품

침실에 남녀 한 쌍의 목각 인형을 놓아두면 매력적으로 변한다. 벽에
는 유럽풍의 그림을 걸어놓는 게 좋은데 나무를 소재로 한 그림이어야
한다.

침대 머리맡에는 시계를 놓아도 상관이 없으나 디지털 시계보다는 아
날로그형 시계가 더 좋다. 복잡한 것보다는 단순한 형태를 고르도록 한
다. 색상은 역시 부드러운 파스텔 계통이 좋다. 이는 여성스러운 기를 한
층 높여주기 때문이다.

방안의 쓰레기통은 둥근 형태보다는 네모난 디자인이 당신의 침착성을 매력적으로 느끼게 만든다. 플라스틱을 피하고 등나무, 또는 목재류가 좋다. 이것은 머리맡에 두지 말고 가능한 발밑에 놓도록 한다.

방안에 지나치게 여러 가지 물건들이 놓여 있으면 좋지 않다. 복잡해서 침착성이 사라지기 때문이다. 헝겊으로 된 인형들이 여러 개 있거나 열대어를 키우는 어항, 관엽식물 등이 침실에 많으면 여러 가지 형태의 기가 혼합되어서 풍수적으로 오염된다.

이렇게 오염되면 신경질이 늘어나고 욕심쟁이가 되어 매력은 점점 사라지고 남성에게 미운털이 박히는 인물이 된다. 또한 벽지와 커튼, 침대 커버가 여러 무늬로 되어 있는 것도 좋지 않다. 남성 앞에서 한 사람의 여성으로 비춰지지 않게 된다.

이상적인 상대와 만날 수 있는 인테리어

평소 꿈꾸던 이상적인 상대방을 만나고 싶은 것은 인지상정이다. 방법은 없을까? 이상적인 사람을 만나기 위해서는 우선 당신의 침실을 분위기 있게 바꿔야 한다.

첫째, 침대는 금속성이 아닌 소재가 좋다. 대부분의 침대는 직각 형태이지만 가능한 한 곡선으로 디자인되어 있는 것이 좋다. 이처럼 여성적 이미지의 침대는 바라는 소망의 기가 높아진다.

침대나 커버 등은 일반적으로 흰색을 많이 사용하지만 자색(紫色)을 사용하면 효과적이다. 다만 천편일률적으로 모두 똑같은 자색이어서는 안 되고 점진적으로 짙어져 가는 색이라야 한다. 이 색깔은 자존심을 높여주어서 내면의 아름다움을 끝까지 발휘하게 해준다.

침대를 놓는 위치는 창가 옆이 좋다. 그리고 이 침실에는 반드시 화장대를 놓도록 한다. 침대 옆에 화장대를 놓을 때는 주로 머리를 두는 쪽과 나란히 한다. 이렇게 하면 아름다움이 고조되어 행동 반경이 넓어진다.

침실은 우아하면서도 로맨틱한 공간으로 꾸미도록 해야 한다. 그 방법 중의 하나는 꽃을 꽂아 장식해 놓는 것이다. 가지나 줄기에 꽃이 매달려 있는 화분이면 더더욱 좋다. 조명도 은은하면서 몽상적인 분위기를 연출할 수 있는 게 좋다. 이러한 분위기를 위해서는 역시 백열등보다는 아주 엷은 복숭아빛이 도는 형광등이 낫다.

  침대 옆에는 전화기를 놓도록 한다. 자주 이용할 필요는 없겠으나 누워서 팔을 뻗으면 쉽게 수화기를 잡을 수 있는 위치여야 한다. 휴대폰이라도 좋다. 왜냐하면 수면을 취하는 중이라도 인맥을 넓히고 싶은 기운이 무의식적으로 자극되어 아름다운 만남의 계기가 되기 때문이다.

화장대 거울은 네모보다 둥근 것이 좋다.

인테리어 소품

둥글고 긴 베개

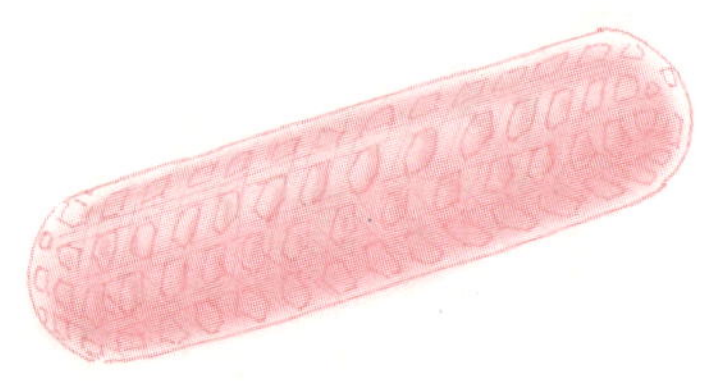

우리 조상들은 부부가 함께 잠을 잘 때 긴 베개를 사용했다. 혼자 잘 때도 물론 긴 베개를 사용하는 것이 좋다.

1인용이 아닌 2인용이 좋다는 것이다. 길고 쿠션이 좋은 베개는 연애가 민감하게 이루어지기 마련이다. 다만 베개 커버는 자주 세탁을 해야 한다. 깨끗하지 않으면 나쁜 기가 발생된다.

미니 오디오

연인을 원하는 여성의 경우 침실에 텔레비전을 놓아두는 것은 결코 권할 만한 일이 아니다. 산만해져서 인연의 기회를 놓칠 수 있다. 작은 오디오 정도는 괜찮다. 차분한 음악이 흘러나오면 감정을 순화시키기 때문이다.

둥근 거울

침실에 화장대 거울 이외에 또 다른 작은 거울이 있으면 좋다. 네모 형태의 거울보다는 둥근 거울이 좋다. 네모진 거울은 만남에 있어서 아름다움을 사라지게 할 우려가 있다.

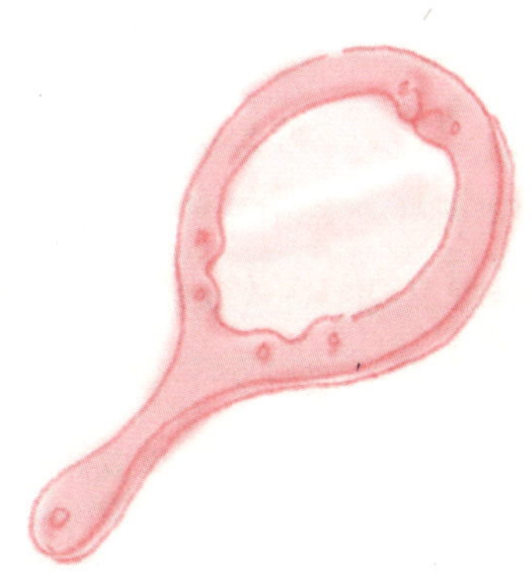

분위기가 없는 침실은 항상 인연이 닿지 않으며 인테리어가 잘못되어 있어도 연인을 쉽게 만나지 못한다.

여성의 침대는 중압감 있는 단단한 목재여야 한다. 그리고 어두운 색깔의 옷장은 여성의 기를 끌어내리는 힘이 있어서 연애 기운을 떨어뜨리게 된다. 또 기본적으로 침실에는 잡다한 물건을 놓아두지 않는 것이 좋다.

일에 관련된 물건은 두말할 필요없고, 스케줄을 표시한 달력을 걸어두어도 현실적인 문제가 떠올라 연애를 하고 싶은 감정이 저절로 사라지게 된다. 그 결과 융통성이 없거나 귀여움이 없는 여자라는 인상을 받을 우려가 있다.

남 방위와 남서 방위의 현관에서 만남이 증폭되고, 남동 방위의 침실에서는 본명성을 발견한다

이상적인 이성을 만나는 배치를 살펴보도록 하자. 아름다운 이성과 만나게 되었을 때는 그 횟수를 늘리도록 노력해야 한다. 이때 가장 중요한 곳은 현관이다. 집의 중심에서 남쪽이나 서남쪽에 현관이 있다면 연애운은 최고로 좋다. 일반적으로 현관은 사교를 높이고, 생활을 매우 화려하게 해준다. 그러므로 집에 많은 손님들이 찾아오고 밖에서도 많은 사람을 알 기회가 주어진다. 그 속에서 자신의 본명성과 맞는 사람을 찾을 수 있게 된다.

그 다음은 침실의 위치이다. 현관에서 가장 가까운 방을 침실로 한다. 남동 방위의 방이 가장 좋다. 이 방향은 지적 능력을 높여서 매사 침착하게 대처한다. 이때 알게 된 이성 중에는 다른 남성과 달리 외모에 유혹당하지 않고 끝까지 살피게 된다.

북서 방위의 방을 일이나 공부방으로 사용하면 연애에 있어서도 전향적인 자세를 유지하게 된다. 그러나 침실로 이용하면 냉정한 판단력을 잃을 우려가 있다. 상성이 나쁜 남성을 만나서 상처받을 가능성이 커지므로 조심해야 한다.

개인 주택의 경우도 이와 마찬가지이다. 이때는 현관 앞에 작은 정원을 꾸미는 게 좋다. 그러면 당신을 속일 목적으로 접근해 오는 남성의 수가 줄어든다. 맨션의 경우에는 발코니가 이와 같은 역할을 한다.

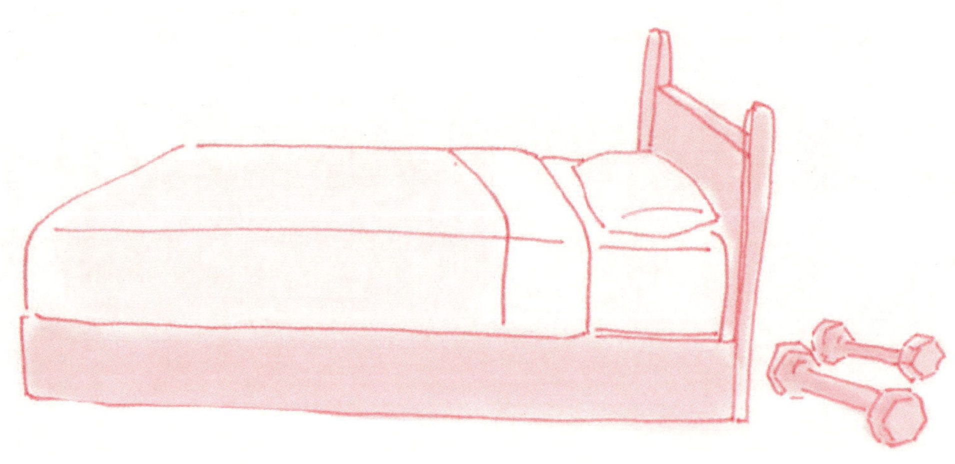

아름다움을 원할 때는 침대 옆에 가벼운 운동기구를 두는 것도 좋다.
침실의 방향과 위치가 연애, 결혼운의 관건이 될 수가 있다.

정열적이고 적극적인 행동이 되는 인테리어

열성적이고 적극적인 연애를 하고 싶다면 침실을 대담하게 꾸밀 필요가 있다. 침실은 일반적으로 무음(無音) 효과가 있는 소재로 이루어져 있지만 정열적으로 변하고 싶은 사람에게는 오히려 역효과이다.

침대의 머리맡 창문에 블라인드를 설치할 때 덧붙여 금속물을 놓도록 한다. 이런 소재는 기를 어지럽게 하여 소극적인 사람에게는 좋은 긴장감을 안겨준다. 침실은 전체적으로 흰색을 기본으로 하고 황색을 약간 섞어서 꾸미는 것이 좋다.

창문의 블라인드는 흰색, 침구는 엷은 잿빛으로 하고, 침대보나 커버 등 침구류는 황색으로 하는 것이 잘 어울린다. 그리고 침대의 높이가 높으면 행동을 둔하게 하므로 낮은 침대를 택하도록 한다. 이런 의미에서 매트리스를 바닥에 그대로 놓는 것도 하나의 방법이다. 낮은 위치에서 자게 되면 행동이 민첩하게 바뀐다. 그리고 침대는 창에 가깝게 하지 않는 것이 좋다.

이뿐만 아니라 침실에 두면 좋은 것이 있다. 바로 운동 기구이다. 줄넘기나 아령, 어느 것이든 상관이 없다. 사용을 하지 않아도 좋다. 운동 기구를 침실에 놓는 것 자체만으로도 연애 감정이 정열적으로 변해 간다. 침실의 조명은 은은한 것이 좋다. 침대 옆에 두는 스탠드는 너무 밝지 않은 것이 좋다.

화장대의 소재는 특별히 신경쓰지 않아도 된다. 다만 지나치게 큰 거울은 행동을 속박시키는 기를 내뿜게 되므로 적당한 크기가 좋다. 위치는 화장 도중 밖을 내다볼 수 있는 창문 가까운 곳이 좋다.

인테리어 소품

크리스탈

유리로 만든 장식품은 무엇이든 좋다. 이것을 침대 머리 위에 올려놓고 자면 머리가 차가워져서 정신이 맑아진다. 연애도 충실하게 된다. 크리스탈 제품이라면 더욱 효과적이다. 다만 지문이나 먼지가 묻어 더러우면 안 된다.

관엽식물

관엽식물을 침실에 놓아도 연애에 대하여는
적극적이 될 수가 있으나 선인장만은 좋지 않다.
그러나 창문 가까이 두면 적극적으로 변할 수도
있다. 큰 사보뎅이라면 더욱 좋다. 다만 꽃이 피
게되면 곧 침실밖으로 내다놓아야만 한다.

기하학적인 그림

벽에 그림을 걸 때는 북쪽이 좋다. 인물화나 풍경화보다는 기하학적인
그림이 좋다. 색상은 방에 비유되는 밝은 것을 택하도록 한다. 이와같이
그림을 걸어두면 처음 만나는 사람 앞에서도 당황하지 않고 이야기를
쉽게 풀어나가게 된다.

인형

푹신푹신한 양탄자나 따뜻하고 포
근한 침대는 잠은 잘 잘 수 있겠지만
연애에 있어서 잘해 보려는 마음을
일시에 사라지게 한다. 더구나 봉제
인형은 정열적인 기가 발생해도 곧
흡수해 버리고 만다. 이 인형에 먼지

가 쌓이거나 인형 속으로 들어가면 기가 오염된다.

인형을 가까이 두고 싶다면 봉제 인형 대신 도기(陶器)로 만들어진 인형 소품이 좋다. 또 푸른색 물건을 침실에 들여놓는 것도 좋지 않다. 푸른 색상은 진정 효과가 있어서 연애에 있어서도 냉정해지기 일쑤이다.

연애의 장애를 해소시키는 인테리어

연애의 장애를 극복하는 것은 매우 중요하다. 우선 냉철한 판단력과 어려운 시련을 극복해 내는 활력이 필요하다. 그래서 여기서는 정(靜)과 동(動)을 테마로 살펴보도록 하자.

먼저 침실의 색상은 전체적으로 엷은 분홍색(도화색)으로 하는 것이 좋다. 다만 모든 것을 진한 분홍으로 꾸미면 어려움을 극복하는 의욕마저 상실하게 된다. 그러므로 아주 엷은 분홍색이나 은빛으로 만드는 것이 좋다. 침대 커버, 커튼, 카펫 등은 진정 효과가 큰 푸른색으로 하면 어떤 충격이 와도 진정하는 마음을 가지게 된다.

침대는 고정된 목재류 침대보다는 소파 겸용 침대, 즉 접으면 소파가 되고 펼치면 침대가 되는 형태가 좋다. 색상 역시 분홍색 계통이 좋다. 이런 침대는 달아나려는 기를 붙잡고 신선한 기를 수면 중에 공급받게 된다. 이와 같은 기는 인연에 있어서 라이벌이 등장했을 때 가장 유력한 기를 손에 넣을 수가 있다. 스탠드는 침대 가까이 놓는다.

경제적 장애를 없애기 위해서는 특별히 조명에 신경을 써야 한다. 그러면 돈과 연애에 관한 일은 서서히 해결된다. 또 주변의 반대에 부딪혔을 때는 남 방위 벽에 자신이 직접 찍은 사진을 붙여두도록 한다. 그러면 서로 냉정하게 이야기할 기회가 많아진다. 인물 사진은 피하는 것이 좋다. 서로 먼거리에 떨어져 있어서 만나지 못할 때는 침실 안에 있는 화장대 위에 붉은색이나 오렌지색을 놓아두면 만나지 못하는 시간이 줄어든다.

침실 벽에는 다정했던 한때의 추억이 담긴 그림이나 사진을 걸어두면 좋다.

소품 인테리어

술

위스키나 보드카(vodka)처럼 도수가 높은 술을 침실에 놓도록 한다. 이 술을 마시지 않더라도 자연히 몸에 붙게 된다. 그러나 과일주는 역효과가 발생할 수 있다. 즉 파워가 떨어지기 때문이다.

조명

조명은 사용하지 않더라도 몇 개의 양초를 마련해 두는 것이 좋다. 연애에 문제가 생겼을 때 해결할 아이디어가 떠오른다. 주로 서양풍 양초를 택하는 것이 좋다.

그림

바다가 그려진 그림을 북쪽 가구 위에 놓는 것이 좋다. 바다 속 그림이나 사진이면 더욱 좋다. 뜻밖의 장애나 난관이 다가와도 당황하여 실패하지 않게 된다. 깊고 조용하게 생각할 수 있는 효과가 있다.

인테리어를 단조롭게 하고 등한시하는 침실은 곧 인연을 단념시킨다

인연의 장애를 극복하려고 노력하는 사람에게 걸맞지 않는 것은 검소한 침실이다. 아무리 깨끗한 것을 좋아하더라도 침실에 덩그러니 침대 하나만 놓여 있다거나 벽면을 회색이나 베이지색만으로 인테리어를 끝내고마는 행동은 연애 파워를 감소시킨다.

또 창문가에 큰 집기를 놓아 가로막는 것도 좋지 않다. 인연의 기 흐름을 막기 때문이다. 이렇게 되면 곤란을 극복하기는 고사하고 행동이 반감된다.

동쪽 방위의 침실과 현관의 맞춤으로 연애의 장애를 없앤다

집의 중심에서 동쪽에 있는 방을 침실로 정하는 것이 제일 좋다. 이 방위에 있는 침실에서 자는 사람은 젊은 연애의 에너지를 받는다.

여러 가지 장애, 즉 집안의 반대나 경제적인 문제, 연애의 장애가 발생해도 극복할 파워가 생긴다. 북쪽에 현관이 있어도 길하다. 풍수적으로 북쪽은 은근한 노력을 의미한다. 시간이 좀 걸리더라도 장애가 극복된다. 그러나 북쪽의 현관은 북쪽에 침실이 없으면 역효과가 있으므로 주의가 필요하다.

북, 동쪽의 방을 침실로 하면 장애 극복에 소극적이어서 고독에 빠질 위험이 높다. 거실은 남쪽으로 한다. 여기서부터 밝음을 불러들여 연애가 어떤 어려움에 빠지더라도 생활의 즐거움만은 계속될 것이다.

주방, 욕실, 화장실 등 주로 많이 사용하는 장소는 서쪽이 좋다. 마음의 안정감이 강화되어 큰 문제가 있어도 냉정하게 대처하게 된다.

침대는 튼튼함도 중요하지만 디자인이 더욱 중요하다.
그러나 너무 화려한 침대는 피한다. 완만한 곡선이 있는 단순한 목재가 제일 좋다.

결혼운에 좋은 인테리어

생의 반려자라고 할 상생 이성을 만나기 위해서는 '깨끗함'을 테마로 한 인테리어가 중요하다. 깨끗함을 대표하는 색상은 흰색이다. 그러므로 커튼이나 침구 등은 흰색으로 통일한다. 벽도 흰색이 좋다. 정화작용이 높은 흰색은 수면 중 떠 있는 기를 억제하기 때문이다. 이러한 침실 인테리어는 결혼을 전제로 진지한 연애를 하기 위해서이다.

여기서 반드시 기억해야 할 점은 흰색은 오염이 잘 된다는 것이다. 누렇게 변한 커튼이나 시트는 연애에 좋지 않은 영향을 미치므로 깨끗하게 세탁하는 것이 좋다.

침실 바닥은 목재류가 최고이지만 삐걱거리는 소리가 날 경우에는 흰색 매트를 깔아놓는 것이 좋다. 매트는 먼지가 쌓이기 쉬우므로 청순한 이미지를 느낄 수 있도록 깨끗한 상태를 유지시켜야 한다. 침대는 튼튼함도 중요하지만 아름다운 디자인이 더욱 중요하다. 그러나 너무 화려한 침대는 피한다. 완만한 곡선이 있는 단순한 목재가 제일이다. 가능하면 원색 목재 침대가 좋다.

이런 침대에서 잠을 자면 자신과 비슷한 가치관을 가진 남성을 만날 가능성이 한층 높아진다. 침대 위치는 창문 가까이 하되 방의 중앙이 길하다. 그러면 연애를 할 때 상대방이 성실하고 열심히 당신을 받아들이게 된다.

　조명은 방안 전체를 비추는 형광등이 좋고 침대 머리맡에는 반드시 스탠드를 놓도록 한다. 이렇게 되면 상대방의 내면 깊숙이 관찰할 수 있다. 화장대는 언제나 깨끗이 정리 정돈되어 있어야 한다. 흰색은 아닐지라도 엷은 색깔을 택하도록 한다. 정리 정돈된 화장대나 책장을 나란히 출입문 가까이 두면 성실한 남성이 다가오게 된다.

소품 인테리어

어항

　남쪽에 어항을 놓는다. 물고기가 없어도 좋으나 수초는 반드시 들어 있어야 한다. 최고의 상대를 만나 솔직한 자신의 모습을 보여주는 것이 특징이다. 다만 어항물이 더러워져 솔직하지 못하게 되면 기회가 사라지게 되므로 주의할 필요가 있다.

화분

　동쪽에 식물 화분을 놓는다. 관엽식물의 경우 줄기가 뻗어나가는 식물이 더욱 좋다. 꽃이 피는 식물이라면 빨간색 꽃이 피는 것을 택하도록 한다. 지인이나 친구를 통해서 매력적인 남성을 소개받는 기회가 비약적으로 많아진다.

냉장고

하얗고 작은 냉장고를 놓는다. 되도록이면 작은 냉장고가 좋다. 다만 먹을 것이나 술을 넣어두면 안 된다. 마시는 물 정도는 괜찮다. 물이 깨끗하고 순도가 높으면 높을수록 이성을 잡아두게 된다.

검은색이 많은 침실은 청소하기가 어렵고 비참한 인연을 불러들이게 된다

결혼을 전제로 한 만남을 바라는 여성이 피해야 하는 것은 오염된 방이다. 즉 어수선하고 정리하기 어려운 인테리어를 말한다. 책들을 책꽂이에 정리하지 않은 채 그대로 방치해 두거나 필요 이상의 가구를 방안에 들여놓아 어지럽게 해놓는 것은 좋지 않다. 이처럼 오염된 기가 쌓여 있으면 단정치 못한 여성이라고 평가될 수 있다. 통일감 없는 색채로 침

실을 장식하는 것도 좋지 않다. 또 침실에 검정색이 많을수록 가벼운 인연은 이루어지지만 진중한 연애는 좀처럼 이루어지지 않게 된다.

서쪽 침실과 남동 현관에서 성실한 사랑을 높일 수 있다

결혼을 전제로 진실한 연애를 바란다면 우선 침실부터 살펴볼 필요가 있다. 가장 중요한 것은 집의 중심에서 보아 침실이 서쪽에 위치해 있어야 한다. 이 방위의 침실을 이용하게 되면 틀림없이 연애가 착실하게 이루어져서 좋은 결실을 맺게 된다.

남쪽에 침실이 있는 경우는 교제가 이루어지기는 해도 결혼으로의 발전은 쉽지 않다. 현관이 남동쪽에 있다면 가장 적합한 위치라고 할 수 있다. 특히 물을 사용하는 장소인 세면장이나 욕실이 깨끗하다면 대길하다. 마음에 붙어 있는 깨끗지 못한 기를 씻어버리게 되어 연애를 해도 결코 실패하지 않는다.

결혼을 결심하게 하는 인테리어

'사랑하지만 결혼은 주저된다'는 말을 흔히 듣는다. 결단을 하기가 두렵기 때문이다. 이럴 때 상대방에게 결심을 촉구하는 침실 인테리어가 있다.

예를 들면 침대, 화장대, 서랍장, 책장처럼 침실에 흔히 놓이는 소재들은 중후한 것이 좋다. 가능한 한 나무결이 없는 것이 좋다. 작은 흠집이 있는 것도 좋지 않다. 금속제의 가구도 그리 나쁘다고는 할 수 없으나 광택이 없는 것을 택한다. 중후한 소재는 당신의 진면목을 높여 상대방은 자연적으로 결혼을 의식하게 된다.

커튼이나 침대 커버 등 침실에 사용되는 천은 두꺼운 것이 효과적이다. 커튼은 폭이 넓은 줄무늬가 있는 것이 좋고 침대 커버나 시트는 무늬가 없는 것이 좋다. 침대는 되도록 다른 방으로 이동하기 쉽게 문 쪽으로 두는 것이 가장 좋다. 이렇게 하면 현모양처의 기가 강화된다.

침실 인테리어에서 꼭 권하고 싶은 것은 흔들의자를 장만하라는 것이다. 손때가 묻은 오래된 것이 좋다. 침대 옆의 공간에 놓으면 남성에게 안정감을 주고 상대방이 훌륭한 반려자가 되어줄 것이라는 신뢰감을 심어주게 된다.

조명은 방안 전체를 골고루 비춰서 너무 어둡지 않게 하는 것이 중요

하다. 침대 머리맡에는 스탠드를 놓도록 한다. 중압감이 느껴지는 침실
에 포근하고 아늑한 조명을 하면 불안감이 해소된다.

소품 인테리어

인형

침실에 놓는 인형의 경우 종이나 나무로 만들어진 것은 가능한 한 피
한다. 결혼 상대자에게 경박한 인상이 줄 수 있기 때문이다. 청동제 인형
을 놓아두면 지적 매력을 높여주어 결혼하고 싶은 마음이 생긴다.

책장

침실에 책장을 놓으면 지적인 의미가 몸에 배인다. 그러나 이런 책장
에 만화나 잡지를 꽂아두면 좋지 않다. 침실에 어울리는, 그리고 다른 가
구의 소재와 어울리는 책장을 동쪽에 놓으면 기를 올려 좋은 평가를 받
게 된다.

장식장

흔히 침대 탁자라고 불리우는 작은 장식장을 침실의 북쪽에 놓는다.
그러면 혼기가 늦어지는 일은 없을 것이다. 별로 쓰임새는 없지만 그 위
에 스탠드나 전화기 등을 올려놓으면 좋다.

침실에 장식품을 많이 놓으면 연인이 떠나버린다

연인을 사귀고 있으며 그와 결혼을 생각하고 있는 여성이라면 방안에
취미생활에 필요한 도구나 놀이 도구를 많이 놓는 것은 좋지 않다. 가령
음악을 좋아하여 악기나 CD를 많이 비치하고 있다거나 스포츠를 좋아
하여 운동기구나 그와 관련된 잡지를 비치하고 있다면 기가 오염되어
좋지 않다.

기가 산만해져서 결혼에 대한 의식이 사라지고 결국 연인이 당신에게 매력을 느끼지 못하게 된다. 또 화장대 위에 각종 전자제품을 놓는 것도 좋지 않다. 두 사람의 관계가 갑자기 냉랭해진다.

당신의 일을 인정받을 수 있는 인테리어

　연인이나 남편에게 당신의 일도 소중하다는 것을 인정받고 싶다면 자연 친화적인 소재로 침실을 꾸미는 것이 좋다. 그중에서도 중요한 것은 가구의 소재이다. 침대는 물론이거니와 화장대, 서랍장, 장롱 등 무엇이든 철저하게 자연 친화적인 소재를 택하도록 한다.

　등나무로 침실의 가구를 모두 통일하면 솔직하고 정직한 기가 발생한다. 상대를 이해하려는 마음이 점점 생기게 되는 것이다. 여기서 명심해야 할 일은 전자제품은 침실에 들여놓지 않아야 한다는 것이다. 텔레비전이나 전화기, 라디오, 오디오 등은 다른 방에서 사용하도록 한다. 침실에 전자제품이 적을수록 포용력이 커져서 상대의 입장을 잘 이해해 주게 된다.

　침대의 위치는 창문가가 제일 좋다. 연인이나 남편에게 오해를 받거나 의심받는 일은 없게 된다. 또 커튼이나 침구, 카펫 등도 화학섬유는 좋지 않고 면(綿)이나 마(麻) 등 자연 소재를 사용하는 것이 중요하다.

　여름이면 왕골이나 대나무로 짜여진 자리를 사용하는 것도 좋다. 이 자리는 당신의 신뢰성을 높여주어 진심을 통하게 하는 효과가 생긴다. 조명은 역시 자연광에 가까운 형광등이 좋다. 다만 금속성은 피하는 것이 현명하다.

좋아하는 사람과 이야기를 할 때는 자신의 기분을 정확하게 전달할 수 있도록 말을 확실하게 한다. 그리고 침실의 동쪽과 남쪽에는 각기 하나씩 관엽식물 화분을 놓아두는 것이 좋다. 머리맡 창가에 꽃 화분을 놓는 것도 대길이다.

식물이나 꽃의 기가 좋아하는 사람에게 전달될 때 그 효과는 다시 당신에게 되돌아온다. 그리고 자신의 가치관과 일이 그에게 진심으로 전달되는 것이다.

소품 인테리어

화환

자연 친화적인 소재로 만든 장식용 화환을 동쪽 벽에 걸어두면 좋다.
마음이 편안해지면서 인간관계가 더없이 잘 풀린다. 자신이 직접 만든
화환이라면 더욱 좋다. 그 노력에 반해 상대방은 어느 사이 당신을 이해
하게 된다.

아로마

아로마 병을 침대 발 밑에 놓도록 한다. 이것이 방향(芳香)제로 작용하
여 긴장을 풀어주어서 침실은 순수한 기가 가득해진다. 즉 오해를 초래
하는 말들은 적어진다.

알람시계

알람시계는 전자식보다는 태엽을 감는 수동식이 좋다. 이 시계를 창문
가에 놓으면 상대방의 기분을 잘 풀어준다.

인공적인 소재가 많은 방은 오해가 쌓인다

사랑하는 사람이 진심으로 자신을 이해해주기 바란다면 침실에서 인
공적인 소재를 치워버려야 한다. 철로 만들어진 침대, 침구는 화학섬유,
창은 금속 철제, 이처럼 잡다하고 복잡하게 인공 소재로 가득찬 침실은
최악이다. 이러한 침실은 무엇을 생각하고 있는지 도무지 속을 알 수 없

는 여자로 만들어 버린다.

그리고 침대 아래에 의류 등을 수납해 놓는 경우도 있으나 이것도 그리 좋지 않다. 하고 싶은 말을 확실하게 하지 않고 오해가 생기게 될 가능성이 크다. 또 화장대 위에 화장품을 너절하게 흩어놓는 것도 좋지 않다. 경박한 기를 받아 신뢰를 얻기 어렵다.

바람을 피지 못하게 하는 인테리어

사랑하는 사람에게 바람기를 일으키지 않도록 하는 것은 계절적으로는 여름을 의미한다. 그러므로 여름의 물을 주제로 인테리어를 하는 것이 좋다. 침대나 화장대, 옷장 등 침실 가구는 일반적으로 나무결이 보이는 소재를 선택하도록 한다. 디자인은 단순한 것이 좋다. 이런 가구는 수면 중에 감수성을 높여주어 좋아하는 사람의 미묘한 표정 변화로 마음을 읽을 수 있게 해준다.

커튼이나 침대 커버는 시원한 바다가 그려진 것이 좋다. 물고기나 조개 등이 그려진 것도 좋다. 이렇게 하면 사랑하는 사람에게 당신의 노력과 성의가 대단히 좋게 전해져서 남자는 바람기를 일으키지 않게 된다.

침대의 위치는 태양볕이 많이 들어오는 곳, 아침 햇살이 잘 들어오는 곳이 좋은데 지적인 힘이 솟구쳐서 상대에게 당신의 눈빛이 무섭게 보여 바람을 피울래야 피울 수가 없게 된다.

침실의 조명은 장소에 따라 강약을 조절하도록 한다. 다시 말해서 방 안 전체를 형광등만으로 비추는 것은 잘못이다. 침대 머리맡에는 작은 스탠드를 놓고, 침실 입구 가까이에 책상이나 소형 테이블을 놓아 작은 라이트를 이용한다. 특히 침대 위의 스탠드는 고급스러운 것이 좋다. 이 조명이 바람을 피우지 못하게 잡아주는 역할을 한다. 그리고 또 여름을

느낄 수 있는 큰 열대 식물을 놓는다. 평소 상대의 애정을 굳건히 잡아
두는 계기가 된다.

　이외에도 북쪽에 놓은 화장대 가까이 물을 소재로 한 그림을 걸어두
도록 한다. 열대의 그림이 그려져 있다면 성적 매력을 증가시켜서 섹스
에 있어서도 뛰어나게 된다.

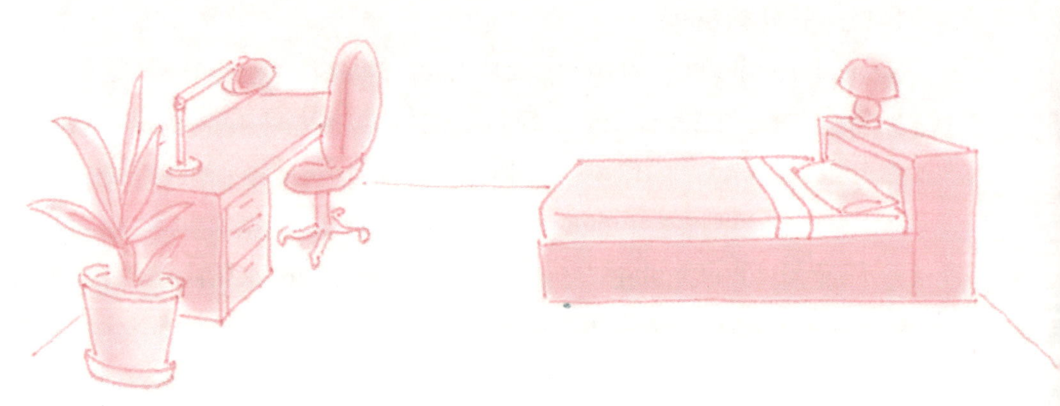

소품 인테리어

조가비

조가비를 머리맡에 두면 사랑을 잡게 된다. 연인이 바람을 피우지 않을까 조바심내지 말고 이 조가비를 놓으면 바람기의 위험은 자연히 사라지게 된다. 해변에서 자기가 직접 주워온 조가비일 경우는 더더욱 효과가 크다.

원앙새

박제된 원앙새를 동쪽에 놓는다. 원앙 이외에도 물새가 좋다. 물새는 눈이 밝아 상대가 어떤 바람을 피워도 곧바로 알아채게 된다. 하지만 이 박제에 먼지가 쌓이면 헤어지게 되므로 깨끗하게 해야 한다.

모래시계

나무와 모래로 만들어진 모래시계를 놓는다. 머리맡 위쪽이 가장 좋고 그 다음은 화장대 위에 놓으면 좋다. 이렇게 해두면 바람기가 나서도 더 이상 발전하지 않는다.

고급스러운 가구를 놓으면 바람날 가능성이 훨씬 높아진다

사랑하는 사람을 남에게 빼앗기고 싶은 사람은 아마 없을 것이다. 침실의 레이스, 주단 이불, 고상하고 화려한 조명 기구, 이처럼 호사스러운 침실 분위기는 감수성을 떨어뜨린다. 그리하여 상대방의 생각을 알 수 없게 되고 오히려 이성에게 바람기를 부채질하는 계기가 된다. 침실에 값비싼 보석류를 보관하는 것도 좋지 않다.

권태를 해소시키는 인테리어

연애에 권태를 느끼는 사람에게 좋은 것은 현대적 감각에 어울리는 침실이다. 가구의 소재보다는 그 디자인이 무엇보다 중요시된다. 평범한 디자인은 피하고 독창적인 가구, 순수한 목재보다는 인공적인 것을 가미한 가구가 좋다.

침대는 금속이 좋으며, 화장대나 장롱 등에 부분적으로 플라스틱을 사용한 것이 좋다. 이와 더불어 고급스러운 향이 짙은 외제 가구는 가라앉은 기를 활성화시켜서 기력을 되살려준다. 커튼이나 가구의 무늬는 아름다울수록 더 효과적이다.

전체적으로 별이나 기하학적인 모양을 통일시킨다. 자신이 직접 염색을 하든지 무늬를 그려넣어 만드는 것이 좋다. 가구에 그림을 그려넣는 것도 좋다. 충분히 연구하여 독창성을 발휘하면 멀어지는 두 사람의 관계에 새로운 돌파구가 생길 것이다.

침대의 위치는 남쪽이 제일 좋다. 자극적인 일이 두 사람에게 차례로 발생하여 권태에 빠질 여유가 없게 된다. 조명은 기본적으로 밝은 것이 좋다. 다만 하나만으로는 좋지 않고 2개의 등을 켜놓도록 한다. 이렇게 밝히면 만남의 새로운 아이디어가 떠오르게 된다.

상대방의 섹스에 권태를 느끼는 사람은 침실에 놀이 도구를 들여놓도록 한다. 인형이나 장난감 등에 둘러싸여 잠들면 성에 대한 탐구심이 생긴다. 그것을 계기로 당신을 더욱 사랑하게 된다.

소품 인테리어

퍼즐 그림

퍼즐 조각을 맞춰 완성시킨 그림을 남쪽 벽에 걸어두면 좋다. 좋아하는 사람의 매력적인 일면을 볼 수가 있어서 다시 상대에게 몰입하게 된다. 이 퍼즐 장식품은 동물을 소재로 한 것이 제일 좋고 크기가 클수록 좋다.

장난감 비행기

장난감 비행기를 놓으면 발놀림이 가벼워져서 적극적으로 행동하게 된다. 동쪽 화장대 위에 올려놓으면 매우 효과적이다.

기능성만을 고집한 침실은 무료한 연애

아무런 장식도 없이 그저 잠만 자기 위한 목적의 침실은 권태에서 탈출하려는 사람에게는 최악의 인테리어라고 할 수 있다. 말 그대로 심플한 침실은 기가 오염되고, 가구만 채워져 있는 방도 좋지 않다. 이렇게 성의 없이 꾸며진 방은 소극적인 의식을 촉진시켜 연애를 할 마음이 생기지 않는다.

화분에 심어놓은 식물을 들여놓는 것도 좋지 않다. 흙에 뿌리를 뻗는 식물은 현상을 유지시키려는 기운을 높인다. 그래서 권태에서 벗어나려고 하는 사람이 오히려 부정적으로 변해 버리는 치명적인 실수를 하게 된다.

남서쪽 현관은 신선한 분위기 연출

2층 집을 예로 들어 권태 해소에 효과적인 배치를 알아보도록 하자.

현관의 위치가 남서 방향이면 많은 사람이 찾아오게 된다. 하루하루가 신선한 분위기를 만들어 자극적이라고 할 수 있다.

반대로 북쪽에 현관이 있으면 점점 고립되어서 권태에 빠질 위험이 있으므로 조심해야 한다.

욕실은 남동 방향이 좋다. 당신에게 신선한 매력을 주어 상대에게 오히려 권태에 빠질 여유를 주지 않게 된다.

연애와 성의 컴플렉스를 극복하는 인테리어

연애나 성(性)에 대해서 컴플렉스를 가지고 있는 사람이 의외로 많다. 이러한 컴플렉스는 방위로는 북쪽, 계절로는 겨울에 해당된다. 그러므로 이 겨울을 이미지로 인테리어를 하는 것이 좋다. 이때 겨울이란 몹시 추운 공간이 아니고 이불 속에서 겨울을 보내는 기분을 주제로 연출하는 것과 같다.

즉 침실에 카펫을 깔아놓는다면 푹신푹신하게 느껴지는 것이 좋다. 커튼은 흰 바탕에 작은 꽃무늬가 있는 것이 좋다. 또 벽에는 나무 소재가 보이는 부분이 있으면 더욱 좋다. 이렇게 하면 침실 전체가 열등감으로 상한 기분을 따뜻하게 끌어안아 주는 역할을 한다.

침대는 직선적인 딱딱한 디자인이 좋다. 소재는 나무이든 금속이든 상관없지만 매트리는 단단한 것이 좋다. 침대 커버는 세로줄 무늬가 있는 것이 좋다. 베개도 단단한 것이 좋다. 침상을 중앙에 놓고 머리는 위쪽으로 하면 열등감이 사라지고 긍정적인 기가 발생하게 된다.

조명도 역시 따뜻한 것이 좋은데 형광등보다는 백열등을 밝히는 편이 좋다. 하지만 불빛을 직접 비추기보다는 갓등으로 가리도록 한다. 이렇게 가려진 엷은 빛에는 컴플렉스에 낙관적인 효과가 있다. 또 침실의 문 부근을 비교적 강한 빛으로 비춰주는 것이 좋다. 이러한 빛은 과거의 연애나 성행위에서 컴플렉스로 굳어진 것을 치유하는데 의외로 효과가 있다.

　이뿐만 아니라 경험 부족이 하나의 컴플렉스가 되어서 연애나 섹스가 안 될 때는 침실 벽면의 그림 장식이 중요하다. 북쪽 벽에 산이 그려진 풍경화를 붙이도록 한다. 험한 설산(雪山) 풍경화는 더더욱 좋다. 물론 사진도 괜찮다. 이 그림은 높은 산을 넘는다는 의미가 있다. 그리고 연애에 대한 원기를 불러일으켜 새로운 의욕을 되살린다. 외형적인 일이 컴플렉스로 굳어진 경우는 화장대를 남쪽으로 놓고 꽃병을 올려놓는다.

소품 인테리어

드라이플라워

　드라이플라워를 남쪽에 장식한다. 이렇게 하면 중도에 단념하지 않고 열등감을 극복할 수 있게 된다. 그러나 드라이플라워를 만들 때 장미꽃은 피하는 게 좋다. 컴플렉스를 극복하려고 노력하는 과정에서 주변 사람들은 다소 피곤함을 느끼게 된다.

박제 거북

　다이어트나 컴플렉스를 극복하기 위해 구체적으로 노력한다면 반드시 달성하게 된다. 북쪽 벽에 걸어두었던 박제 거북은 이러한 노력을 도

와준다. 물론 살아 있는 거북을 길러도 좋다.

조명 기구

　조명 기구로 사용하고 있는 램프를 머리맡에 올려놓도록 한다. 희미한 불빛이 미혹에서 건져준다. 놋쇠로 만들어진 오래된 조명 기구라면 더욱 좋다. 열등감은 서서히 사라지고 어느새 자신감이 생기게 된다.

종합적으로 살펴본 애인 만들기 인테리어

멋진 남성과 연애를 하고 싶다면 먼저 나를 남성이 좋아하는 타입으로 만들어야 한다. 즉 당신이 여성으로서 매력을 지니고 있는지부터 알아두는 것이 좋다. 그 다음으로는 침실(방)의 인테리어가 중요하다.

대부분의 남성들이 연인으로 삼고 싶은 여성상은 아무래도 예쁘고 상냥하며, 마음씨 착하고 명랑하며, 센스가 있고 화제가 풍부한 여성일 것이다. 자기 자신은 이 중 어떤 타입에 속하며 무엇이 부족한지 한번 자성해 볼 필요가 있다.

처음에는 용모나 몸매에 끌리기 쉽지만 이것을 제외한다고 해도 애인이 없는 여성은 아무래도 그녀가 머무는 방의 인테리어가 좋지 않다. 방의 인테리어 중에서도 가장 중요한 것은 침실의 문이나 창문의 위치가 행운을 많이 좌우한다. 행운은 방문과 창문을 통해 들어오기 때문이다.

남자가 원하는 '상냥함'은 북쪽의 방문과 창문으로 들어오게 된다. '마음씨 착함'은 서쪽 방위의 출입문이나 창문(그다지 크지 않은 것이 좋다)에서 들어오며, '예쁘고 명랑함'은 남쪽 문이나 창문에서 들어온다. '센스 있음'은 동남쪽 문이나 창문에서 운기가 들어온다.

북쪽, 서쪽, 동남쪽에서 들어오는 기를 잡아라

우선 당신이 기거하고 있는 침실의 북쪽, 서쪽, 동남쪽 세 곳을 살펴보도록 하자. 문이나 창문이 없다면 인테리어로 보완하면 된다.

침대가 만약 서쪽 벽에 붙어 있다면 동남쪽에 넓은 공간이 있게 될 것이다. 서쪽은 벽에 그림 따위를 걸 수밖에 없지만 잠자는 방위가 서쪽이므로 이 서쪽의 마음씨 착한 힘은 잠자는 사이에 흡수할 수 있다.

북쪽에 운기의 출입구가 없는 경우는 침대를 북쪽(이 경우 침대를 중심으로가 아니라 방 중심으로부터 북쪽)에 붙여놓고 잔다. 그리고 책상이나 옷장, 화장대 등 하루에 보통 한 번 이상 쓰는 가구를 배치한다. 가구의 색깔은 흰색을 기본으로 한다. 보석이나 장식품을 놓아두어도 괜찮다. 벽에는 달력이나 일정표를 걸어둔다.

서쪽에 방문이나 창이 없는 경우는 침대를 서쪽으로 붙여서 자거나 벽에 가을 풍경화를 걸도록 한다. 또는 유럽의 거리 풍경이나 옛 도시 그림 등을 걸어두어도 좋다.

남쪽에 문이나 창이 없을 때는 관엽식물이나 텔레비전, 오디오를 두도록 한다. 작은 테이블을 놓고 의자에 인형을 앉혀놓거나 넓은 바다 그림, 여름 풍경화를 걸어두어도 좋다. 동남쪽에는 화장품이나 향수를 놓고 꽃장식을 하거나 마음에 드는 옷을 걸어두어도 좋다. 동남쪽에는 에어콘을 놓고 전화기는 그 에어콘 아래에 놓는다. 하와이의 풍경 사진도 행운을 부르게 된다.

동향이나 남향에 창문이 있으면 침대는 동남쪽에 붙이고 창문 쪽으로 머리를 두고 잔다. 커튼은 꽃무늬나 베이지, 크림색으로 한다. 회색이나 검은 줄무늬는 좋지 않다.

　방 한가운데에는 목재 테이블과 나무결 의자 두 개를 놓는다. 그리고 전화나 잡지 등을 놓아 방을 여유 있게 꾸미면 연인이 나타날 것이다.

　창도 없고 어두운 동남쪽의 기가 약하면 스탠드를 동남쪽에 두도록 한다. 서쪽 햇살이 강하게 드는 방은 커튼이나 블라인드로 조절하지 않으면 남성의 놀림감이 될 우려가 있다.

동남쪽 방은 딸이 사용하도록

　딸의 방이 주택의 중앙에서 볼 때 동남쪽에 있으면 아주 좋다. 그러나 땀 냄새 풍기는 아들이 이 동남쪽 방을 사용한다면 지금 당장 딸과 바꾸도록 한다.

　동쪽과 남쪽 방향에 창이 있으면 옅은 그린색이나 꽃무늬가 있는 커튼을 친다. 창문이 이 양쪽 방향에 있으면 좋지만 한쪽에라도 없는 경우에는 시원한 풍경화 그림을 걸거나 포스터로 벽을 꾸민다.

　에어콘은 동남쪽 창문 위나 창에 붙여도 좋다. 이 역시 인테리어 색상은 차가운 계열의 청색이나 회색을 사용한다. 검정색은 피하는 것이 좋다. 바닥은 목재류가 좋고 조명은 천장 중앙에 달고 북쪽 벽에도 단다. 침대는 남쪽으로 붙이고 머리는 동쪽에 둔다. 즉 동남쪽으로 머리를 둔다. 거울이나 화장대는 서쪽에 놓고 동쪽을 바라보게 한다. 옷장이나 벽장도 역시 서쪽에서 남쪽에 두고 동쪽을 마주보게 한다. 그렇게 할 수가 없다면 북쪽에 두고 남쪽을 바라보게 한다. 텔레비전이나 오디오 등은 동쪽 창문 밑에 놓고 동남쪽 구석 작은 테이블 위에는 꽃을 올려놓는다. 동북쪽에는 책장을 두고 결혼할 시기를 기다린다. 이 동남쪽 방을 딸이 사용할 수 없다면 인테리어만이라도 이것과 같게 하는 것이 좋다.

북쪽의 욕실은 화려한 색상의 용품으로

북쪽에 욕실이 있고 딸의 방으로 사용할 수 없는 집은 문제가 된다. 침대에서 보아 욕실이 북쪽에 있으면 아무리 인테리어를 잘 한다고 해도 욕실의 기를 이길 수 없다. 그러므로 욕실을 북쪽에 두지 않도록 침대를 옮기는 것이 좋다.

혼자 살 경우에는 앞에서 말한대로 인테리어를 꾸민다. 욕실이 북쪽에 있으며 혼자 사는 경우가 아닐 때는 좋지 않은 인연이라고 생각하면서도 교제 중인 남성과 헤어지지 못할 가능성이 크다. 그렇다면 과감히 욕실의 인테리어를 바꾸는 것이 좋다.

타일은 그린색이나 황색, 살색 계통으로 하고 욕조 역시 아이보리색으로 바꾸어서 물이 깨끗하게 보이도록 한다. 목욕물은 급탕식으로 설치하고 정북쪽에 온수기를 두도록 한다. 목욕탕 용품은 주로 황색이나 오렌지색 등 화사한 것으로 하고 환기구와 조명은 좀 강한 것으로 밝은 분위기를 연출한다. 욕조의 물을 사용하고 난 뒤에는 반드시 버리도록 한다.

딸의 방이 동남쪽이 아닌 곳에 있다면 동남쪽을 아주 깨끗하게 해야 한다. 휴지통 등 더러운 것을 놓아 악취를 풍기면 좋지 않다.

서쪽 기운을 조심

　서쪽은 딸의 성격에 강한 영향을 미치며 이 방향에서 과거의 남자 관계를 알 수 있다. 부엌이 서쪽에 있다면 잔소리와 낭비벽이 심한 여성이 된다.

　서쪽에 현관이 있으면 돈에 집착하여 부자가 아니면 상대를 안 하게 된다. 문이 지저분하지 않도록 주의하고 귀여운 여자 그림을 걸어둔다. 구두는 반드시 세 켤레 이상 내어놓아서는 안 된다.

　계단이 있으면 집에 마음을 붙이지 못하고 혼자 살려고 가출을 감행할지도 모른다. 이 서쪽의 불길한 기를 가라앉히기 위해서는 부엌에 직사각형의 중후한 목재 테이블을 둔다. 의자는 등나무 의자가 좋다. 테이블 위에는 꽃으로 장식한다.

　세면대는 차분한 색상으로 꾸미고 거울은 항상 반짝반짝하게 닦아둔다. 조명은 아주 밝게 한다. 어두운 곳에서 화장을 하면 너무 짙어서 칙칙해진다.

잠자는 방위로 알아보는 연애운과 결혼운

집의 중심에서 보아 북쪽에서 잘 때
냉하기 쉬우므로 따뜻함이 느껴지도록 한다

최근에는 북쪽에 현관이 있고 남쪽에 거실이나 주방을 배치하는 경우가 많다. 그리고 북쪽을 침실로 사용하는 경우도 적지 않다. 이런 방은 도화운이 불리하게 된다. 위치상으로 어둡고 차기 때문이다. 이 경우는 침실을 따뜻하게 보이도록 해야 하는데 그 방법을 알아보자.

첫째, 벽의 색을 부드럽고 따뜻한 계통으로 바꾼다.
둘째, 인테리어 색상이나 커튼은 검은색을 사용하지 않는다.
셋째, 조명도를 높이도록 한다.

특히 북쪽은 방으로 사용하기에는 어두울 수 있으므로 밝은 색상으로 장식하는 것이 중요하다. 서쪽은 주로 노란색으로 장식하고, 도화력을 강화하기 위해 집 중심에서 서쪽이나 동남쪽 방위에 밝은 색 꽃을 꽃병에 꽂아 장식해 두면 좋다. 화분도 좋지만 항상 꽃을 볼 수 있도록 하려면 아무래도 꽃병에 꽂아두는 것이 좋을 것이다. 시들면 금방금방 바꾸어

줄 수 있기 때문이다. 꽃을 꽂을 때에도 한두 송이보다는 다발이 좋다. 다발에서 뿜어져 나오는 꽃향기가 방안을 가득 채우면 그 효과는 뛰어나게 된다.

그리고 또 하나 이 북쪽 방은 어두우므로 현관을 매우 밝게 해줄 필요가 있다. 물론 어느 방향의 방이나 마찬가지지만 북쪽에 침실이 있으면 현관을 유난히 더 밝게 해야 한다. 낮에 집에 아무도 없더라도 현관에는 불을 켜두는 것이 좋다. 물론 잠자리에 드는 밤에는 불을 꺼도 무관하다. 이로서 연애나 결혼운이 움트게 될 것이다.

집의 중심에서 보아 동쪽에서 잘 때
서쪽에 발을 두고, 방 입구 옆에는 꽃으로 장식

동쪽 방위에서는 발전운이 싹튼다. 무엇인가 움트는 기가 있으므로 도화의 힘을 발휘시키는 강한 방위가 된다. 그뿐만 아니라 동쪽의 반대는 서쪽이므로, 이 서쪽은 연애의 방위가 되어 도화 방위라고 한다. 그 때문에 동쪽 방의 기나 서쪽 방의 기를 얻게 되는데, 원래 발전은 '움트는 눈'이라고 해서 서쪽에서부터 연애운의 후원을 받아 이 동쪽의 방은 자연히 도화운이 강하다는 의미가 있다.

도화운을 강하게 하고 싶다면 이 방위에 침실을 정하도록 한다. 그러므로 이 동쪽 방을 침실로 할 때는 침대 방향에 신경을 써야 한다. 즉 발이 서쪽으로 향하도록 한다. 그리고 현관에서 들어와 거실을 거쳐 당신의 방이라면 그 방문 입구에 꽃을 놓는 게 좋다.

꽃이 가지고 있는 생기의 힘은 사람이 생각하는 것보다 훨씬 더 강력하여 운을 끌어들이게 된다. 또 꽃이 필 때 꽃몽우리에서 생기는 유·무형의 기가 도화운을 자극한다. 집의 중심에서 보아 동쪽이기 때문에 동방이라고 하지만 만약 침대의 방향이 그렇게 되어 있지 않으면 문제가 된다. 그러므로 침대머리를 분명히 동쪽으로 향하도록 한다. 꽃은 백합꽃이 좋은데 방문 옆에 방의 중심에서 보아 동쪽에 놓여진다면 이는 도화방이라고 할 수 있는 서방이 되므로 그 효과가 증가된다.

집의 중심에서 보아 동남쪽에서 잘 때

좋은 인연으로 인한 결혼 방위

앞의 동쪽 방위와 더불어 동남(東南)쪽은 도화운과 결혼운이라는 의미가 있다. 연애운과 결혼운을 바라는 사람에게는 대단히 중요한 방위이다. 그래서 좋은 인연과 결혼 방위라면 이 동남을 가르키는 것이다. 결혼운 하면 동남이고, 동남 하면 결혼운이라고 한다.

우리 한국의 전통적 풍수에서는 무엇이든 종합적으로 판단하게 되는데 좋은 방위라고 해도 쉽사리 안심해서는 안 되고 다시 한 번 확인한 다음 최대한 그 운을 살리도록 노력해야 한다.

예를 들어 이 동남방을 사용하고 있어도 침실의 위치가 화장실 방향으로 향해 있다면 건강운을 지배당하게 된다. 출세운과 아이의 시험운은 현관과 침대의 위치에 따라 좌우되므로 무엇이든 나쁜 운이 있으면 동남의 도화운이나 결혼운이 100% 발휘되지 못한다. 그러나 이 동남 방위에서 잘 때는 이미 이 방위 자체에 도화운(연애운, 결혼운)이 있으므로 상관은 없지만 침대의 방향은 주의해야 한다.

동남 방위에서 잘 때는 집의 전체 방위에서 보아 북쪽이나 서쪽에 꽃을 놓으면 좋다. 이때 2층에도 방이 있다면 2층으로 오르는 계단 위에 꽃을 놓는다. 다시 말해 2층 집은 계단을 오르는 곳이 출입구의 역할을 하는 것이다. 여기서 침실의 북쪽에 꽃을 놓을 때는 주로 따뜻한 색상이 좋다.

원래 동남에 도화운이 있는데 여기에 꽃을 놓으면 꽃의 상승 효과를 가져와 더욱 좋은 기운을 맞이할 수 있다. 그리고 현관이나 출입구가 어두울 때는 반드시 밝게 하는 것이 효과적이다.

집의 중심에서 보아 남서쪽에서 잘 때

여성은 일 때문에 늦게 결혼을 한다

남서 방위는 대지와 어머니(母親), 성장시키는 일, 가정이라는 의미가 있다. 한마디로 가정을 가지고 결혼을 한다는 의미로 도화운을 불러들이는 계기가 된다. 다만 연상의 여성이라는 의미가 포함되어 있으므로 앞의 동 방위나 동남 방위에 비해 그 효과는 낮고 약하며 늦게 일어난다.

서쪽 방위에 침대를 놓고 자려고 하나 화장실이 옆에 있을 경우는 남서의 사이에 침대를 놓고 자도록 한다. 꽃은 어디에 놓으면 좋을 까. 집의 중심에서 보아 동방과 북방에 놓고 현관에도 반드시 놓도록 한다.

이 세 곳 모두에 꽃을 놓기 어렵다면 그중 두 곳만 택해서 놓아도 괜찮다. 주의할 것은 꽃을 놓는 장소도 청결하게 해야 좋은 기운이 발산된다.

만약 침대를 남서 방향에 놓고 잔다면 북쪽이나 동남방에 꽃을 놓도록 한다. 현관에도 꽃을 놓으면 현관에서 들어오는 대지의 영력(靈力 : 파워)을 강하게 하며 도화운도 열리는 계기가 된다. 이때 현관은 서북쪽이어서 햇볕이 들지 않아 어둡게 된다. 꽃을 장식해도 도화운이 들어오지 못하여 좋은 상대를 만날 수가 없다. 그러면 현관 천장에 불을 밝혀두도록 한다. 물론 꽃도 장식하고 전등도 아침부터 저녁까지 켜두는 것이 좋다. 전기요금이 많이 나오겠지만 소중한 인연을 만나기 위해서 이 정도 희생은 감수해야 할 것이다.

여기서 한번 더 운을 높이기 위해서는 동쪽에 또 하나의 꽃을 장식해두면 좋다. 주의할 것은 북쪽이나 동남쪽에 출입구가 있다면 도화운을 불러들이므로 청결해야 한다. 이 방위의 벽에는 어두운 그림이나 달력, 소리가 나는 전자기기(텔레비전, 오디오 등)를 놓으면 안 된다.

집의 중심에서 보아 서쪽에서 잘 때

심심풀이 연애로 변질되기 쉽다

집의 중심인 서쪽 방에서 자는 여성의 경우 도화운이 전혀 없는 것은 아니다. 서쪽 방위는 레저, 놀이, 음식, 그리고 연애라는 의미가 있다. 특히 연애라는 의미는 다른 방위보다 더 강하다. 그러므로 이 방위를 사용할 때는 신중하게 생각해야 한다.

앞에서도 언급했지만 이 방위는 도화운을 불러들이는 과정에서 '놀이로의 연애'라는 기운이 있다. 즉 진지한 연애가 아닌 심심풀이로 끝날 위험이 크다는 것이다. 남성으로부터 유혹이 있지만 일시적인 유희로 끝나므로 주의해야 한다. 이 일로 기를 더하여 도화운을 더한층 강화한다면 이 방위를 침실로 이용하는 편이 좋다.

다시 말하면 서쪽 방위는 이미 자고 있는 동안은 도화운이 강한 장소이므로 다른 방위 어딘가에 꽃을 놓아 장식을 할 필요는 없다. 다만 이 기를 불러들이고 있기 때문에 현관과 침실 출입구 옆에 꽃을 놓아두면 좋다. 그러나 이 장소는 깨끗이 할 필요가 있다.

현관 입구가 어둡다면 좋지 않으므로 언제나 천장에 불을 켜서 현관을 환하게 밝혀둘 필요가 있다. 낮 시간과 외출시에도 밝게 해야 한다. 어둡고 침침하면서 차가운 곳에는 대지의 파워가 들어오지 못하기 때문이다.

부록 1
사랑을 이루는 인테리어 소품

크리스탈

크리스탈은 운기를 높이기 위한 필수 아이템이다. 현관에 크리스탈을 놓으면 좋은 기가 방에 들어온다. 천연의 크리스탈이나 크리스탈 제품을 놓는 것도 상관이 없다. 흔히 현관에 놓으면 좋은 기를 가지고 오는 개구리, 오리, 물고기 형태의 크리스탈 제품을 놓는 것이 좋다. 특히 정이 두터운 한쌍을 같이 두면 더욱 좋다.

악기 형태의 인형

악기는 방안에 좋은 기를 끌어들이는 효과가 있다. 잔잔한 음악은 좋은 기를 불러들이는 기라고 할 수 있기 때문이다. 악기 형태의 인형이나 그림도 상관은 없다. 이것은 연애나 결혼 전체운에 좋은 영향을 준다.

현관의 매트

현관에는 반드시 매트를 깔아놓도록 한다. 현관 매트는 행운을 부르는 밝은 색이 좋다. 현관을 밝게 할 뿐만 아니라 나쁜 기운을 여기서 차단시켜 준다.

현관의 전등과 꽃

햇볕이 잘 안 드는 어두운 현관은 테이블 전등을 놓아서 밝힌다. 또 밝은 색의 꽃을 장식하거나 따뜻한 분위기를 만들도록 한다. 꽃은 생화 자체만으로도 좋으나 조화도 미미하지만 그 효과가 전혀 없는 것은 아니다. 그러나 드라이플라워는 음의 기를 가지고 있으므로 가능한 한 피하는 것이 좋다.

부채

부채는 나쁜 사기가 집에 들어오지 못하게 하는 효과가 있다. 또 초인
종이나 문의 벨소리나는 것을 현관에 장식하거나 향과 같은 좋은 냄새
가 나는 것을 놓아두면 나쁜 기운을 사멸하게 된다. 양초 향, 아로마 같
은 것도 좋다.

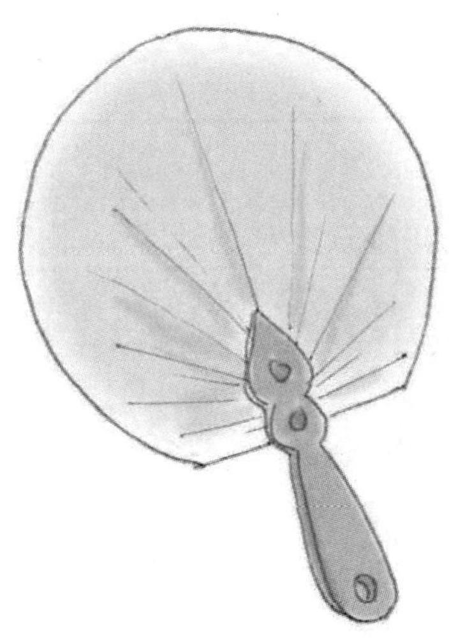

모란

모란은 옛날부터 결혼운을 불러들이는 꽃으로 알려져 있다. 결혼 적령기의 여성이 있는 가정에 대단한 경사를 가져온다고 했으니 도화운이 활짝 핀다. 모란과 함께 매화나 목련도 입구가 큰 도기 꽃병에 꽂아두면 연애나 결혼 소망을 이룰 수 있다. 크리스탈 접시에 모란꽃이 그려진 것도 행운을 부른다.

목련

목련은 여성다운 아름다움과 눈부신 모습을 표현하는 꽃이다. 특히 결혼운을 높이는데 효과가 크다. 꽃병은 거실이나 주방의 남서쪽, 현관에 장식하면 운이 높아진다. 또 순결함과 청순함이 곁들여 있어서 미혼 남성들에게는 바라는 꽃 중의 하나이다.

촛대

불은 타서 재가 된다. 그리고 흙(土)을 증식한다. 그러므로 화(火)의 기를 가진 소품을 놓는 것은 좋은 일이다. 그중에 대표적인 것이 촛대이다. 이 촛대를 하나나 두 개 정도놓는 것은 좋다. 하지만 세 개를 놓은 것은 삼각관계가 되므로 금한다. 그외에도 밝은 것을 남서에 놓으면 연애운을 높이게 된다. 붉거나 분홍의 테이블 스탠드를 켜도 좋다.

인형, 하트형 배경

강아지나 곰 인형을 남쪽에 장식해 두면 연애운이 높아진다. 특히 하
트 모형이 뒷배경으로 있으면 더욱 좋다. 한쌍으로 된 것이 있다면 남서
쪽에 하나를 또 놓도록 한다. 연애운이나 결혼운이 상승된다.

방향 용기와 아로마

좋은 향은 나쁜 기운을 쫓아버리게 된다. 침실에 이 아로마향을 켜두면 방안의 나쁜 기운을 몰아내게 된다. 남서 방위에 아로마 양초를 켜놓으면 연애운이나 결혼운을 높이게 된다.

초 밑에 붉거나 분홍빛의 작은 매트를 깔아놓으면 역시 운기가 높아진다. 포프리의 향도 같은 역할을 한다. 포프리와 마른 꽃은 같은 역할을 한다. 그러나 완전히 죽어버린 것과 향기가 완전히 사라진 것을 그대로 두어서는 안 된다.

한쌍의 비둘기나 원앙

원앙새와 같은 한쌍의 새 장식물을 침실의 남서 방위에 놓으면 연애운이나 결혼운이 높아진다. 남자아이와 여자아이가 함께 있는 인형도 좋다.

한쌍으로 되어 있는 장식물이 있으면 남서쪽에 놓도록 한다. 또 비둘기 모양의 장식도 연애운을 높여주는 좋은 소품이다.

조가비

거실의 남서는 토(土) 기의 방위이다. 크리스탈이나 돌로 만든 노란색 소품, 토기와 같은 운기를 더해준다. 하트 크리스탈은 짝을 이루도록 놓는 것이 좋다. 또 크리스탈 쟁반 위에 조가비를 올려놓으면 연애운에 효과가 크다. 다만 이 두 쪽의 조가비는 짝이 맞는다는 의미를 내포하고 있다. 남서쪽에 놓으면 그 효과가 크다.

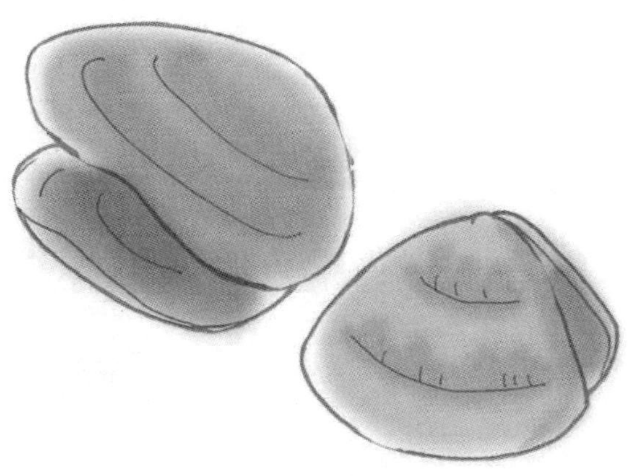

연인의 사진

거실의 남서 방향은 토(土)의 방위이다. 여기에는 목(木)의 기를 가진 것을 놓지 않는 것이 현명하다. 나무가 흙의 기운을 앗아가기 때문이다. 벽에 두 사람(연인)의 사진이나 그림을 걸어두는 것은 좋다. 다만 사진이나 그림 액자의 소재로는 목재를 피해야 한다. 부득이 나무로 한다면 나무결이 보이지 않게 베로 싸는 것이 좋다. 황색이나 그린색 체크 무늬도 운기를 높여준다.

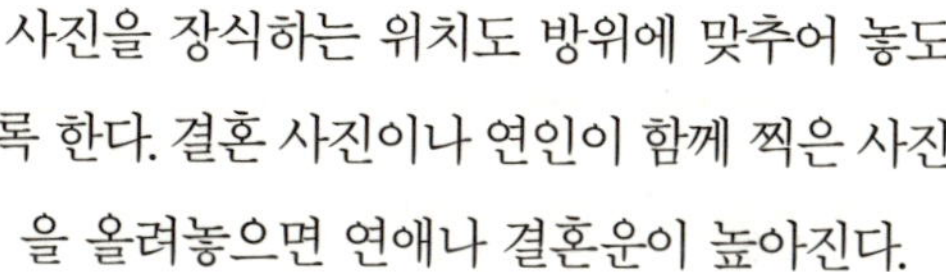

사진을 장식하는 위치도 방위에 맞추어 놓도록 한다. 결혼 사진이나 연인이 함께 찍은 사진을 올려놓으면 연애나 결혼운이 높아진다.

부록 2
하루 운수법

하루의 운수법으로 길일(吉日)을 택한다

이것은 길일을 택하는 방법으로 이사나 지신제, 개축, 개수(수리), 개점 등에 있어서 해롭지 않은 날을 택하는 것이다. 풍수에서는 금하는 일이 아니면 연애나 결혼에도 좋은 날로 택하게 된다.

먼저 휴문(休門), 생문(生門), 개문(開門)으로 구별하는데 개문일은 문이 열려 복이 들어온다는 날로서 제일 좋다. 그 다음은 생문이 좋고, 휴문일은 좋지 않다.

이 표는 흰색과 분홍색으로 나누어져 있다. 동지(冬至)에서부터 하지(夏至) 사이에 들어 있는 날은 흰색에 속하고, 하지에서 동지까지는 분홍색으로 되어 있다.

연애나 결혼운을 알고자 할 때는 먼저 풍수 개운력에서 날짜를 찾아보고 그 날을 다시 하루 운수표에 적용시킨다. 그러면 만나는 날이 좋은지 나쁜지를 알 수 있게 된다.

위에서도 언급하였지만 길일은 더할 나위없이 좋고 이사, 지신제, 개축, 개수, 개점 등에 좋다면 길일이다. 그러므로 약속 장소에 나갈 때에는 이 표를 참고하는 것이 좋다.

2005년 1월

일	월	화	수	목	금	토
						1 乙酉
2 丙戌	3 丁亥	4 戊子	5 己丑	6 庚寅	7 辛卯	8 壬辰
9 癸巳	10 甲午	11 乙未	12 丙申	13 丁酉	14 戊戌	15 己亥
16 庚子	17 辛丑	18 壬寅	19 癸卯	20 甲辰	21 乙巳	22 丙午
23 丁未	24 戊申	25 己酉	26 庚戌	27 辛亥	28 壬子	29 癸丑
30 甲寅	31 乙卯					

2월

일	월	화	수	목	금	토
		1 丙辰	2 丁巳	3 戊午	4 己未	5 庚申
6 辛酉	7 壬戌	8 癸亥	9 甲子	10 乙丑	11 丙寅	12 丁卯
13 戊辰	14 己巳	15 庚午	16 辛未	17 壬申	18 癸酉	19 甲戌
20 乙亥	21 丙子	22 丁丑	23 戊寅	24 己卯	25 庚辰	26 辛巳
27 壬午	28 癸未					

3월

일	월	화	수	목	금	토
		1 甲申	2 乙酉	3 丙戌	4 丁亥	5 戊子
6 己丑	7 庚寅	8 辛卯	9 壬辰	10 癸巳	11 甲午	12 乙未
13 丙申	14 丁酉	15 戊戌	16 己亥	17 庚子	18 辛丑	19 壬寅
20 癸卯	21 甲辰	22 乙巳	23 丙午	24 丁未	25 戊申	26 己酉
27 庚戌	28 辛亥	29 壬子	30 癸丑	31 甲寅		

4월

일	월	화	수	목	금	토
					1 乙卯	2 丙辰
3 丁巳	4 戊午	5 己未	6 庚申	7 辛酉	8 壬戌	9 癸亥
10 甲子	11 乙丑	12 丙寅	13 丁卯	14 戊辰	15 己巳	16 庚午
17 辛未	18 壬申	19 癸酉	20 甲戌	21 乙亥	22 丙子	23 丁丑
24 戊寅	25 己卯	26 庚辰	27 辛巳	28 壬午	29 癸未	30 甲申

5월

일	월	화	수	목	금	토
1 乙酉	2 丙戌	3 丁亥	4 戊子	5 己丑	6 庚寅	7 辛卯
8 壬辰	9 癸巳	10 甲午	11 乙未	12 丙申	13 丁酉	14 戊戌
15 己亥	16 庚子	17 辛丑	18 壬寅	19 癸卯	20 甲辰	21 乙巳
22 丙午	23 丁未	24 戊申	25 己酉	26 庚戌	27 辛亥	28 壬子
29 癸丑	30 甲寅	31 乙卯				

6월

일	월	화	수	목	금	토
			1 丙辰	2 丁巳	3 戊午	4 己未
5 庚申	6 辛酉	7 壬戌	8 癸亥	9 甲子	10 乙丑	11 丙寅
12 丁卯	13 戊辰	14 己巳	15 庚午	16 辛未	17 壬申	18 癸酉
19 甲戌	20 乙亥	21 丙子	22 丁丑	23 戊寅	24 己卯	25 庚辰
26 辛巳	27 壬午	28 癸未	29 甲申	30 乙酉		

2005년 7월

일	월	화	수	목	금	토
					1 丙戌	2 丁亥
3 戊子	4 己丑	5 庚寅	6 辛卯	7 壬辰	8 癸巳	9 甲午
10 乙未	11 丙申	12 丁酉	13 戊戌	14 己亥	15 庚子	16 辛丑
17 壬寅	18 癸卯	19 甲辰	20 乙巳	21 丙午	22 丁未	23 戊申
24 己酉	25 庚戌	26 辛亥	27 壬子	28 癸丑	29 甲寅	30 乙卯
31 丙辰						

8월

일	월	화	수	목	금	토
	1 丁巳	2 戊午	3 己未	4 庚申	5 辛酉	6 壬戌
7 癸亥	8 甲子	9 乙丑	10 丙寅	11 丁卯	12 戊辰	13 己巳
14 庚午	15 辛未	16 壬申	17 癸酉	18 甲戌	19 乙亥	20 丙子
21 丁丑	22 戊寅	23 己卯	24 庚辰	25 辛巳	26 壬午	27 癸未
28 甲申	29 乙酉	30 丙戌	31 丁亥			

9월

일	월	화	수	목	금	토
				1 戊子	2 己丑	3 庚寅
4 辛卯	5 壬辰	6 癸巳	7 甲午	8 乙未	9 丙申	10 丁酉
11 戊戌	12 己亥	13 庚子	14 辛丑	15 壬寅	16 癸卯	17 甲辰
18 乙巳	19 丙午	20 丁未	21 戊申	22 己酉	23 庚戌	24 辛亥
25 壬子	26 癸丑	27 甲寅	28 乙卯	29 丙辰	30 丁巳	

10월

일	월	화	수	목	금	토
						1 戊午
2 己未	3 庚申	4 辛酉	5 壬戌	6 癸亥	7 甲子	8 乙丑
9 丙寅	10 丁卯	11 戊辰	12 己巳	13 庚午	14 辛未	15 壬申
16 癸酉	17 甲戌	18 乙亥	19 丙子	20 丁丑	21 戊寅	22 己卯
23 庚辰	24 辛巳	25 壬午	26 癸未	27 甲申	28 乙酉	29 丙戌
30 丁亥	31 戊子					

11월

일	월	화	수	목	금	토
		1 己丑	2 庚寅	3 辛卯	4 壬辰	5 癸巳
6 甲午	7 乙未	8 丙申	9 丁酉	10 戊戌	11 己亥	12 庚子
13 辛丑	14 壬寅	15 癸卯	16 甲辰	17 乙巳	18 丙午	19 丁未
20 戊申	21 己酉	22 庚戌	23 辛亥	24 壬子	25 癸丑	26 甲寅
27 乙卯	28 丙辰	29 丁巳	30 戊午			

12월

일	월	화	수	목	금	토
				1 己未	2 庚申	3 辛酉
4 壬戌	5 癸亥	6 甲子	7 乙丑	8 丙寅	9 丁卯	10 戊辰
11 己巳	12 庚午	13 辛未	14 壬申	15 癸酉	16 甲戌	17 乙亥
18 丙子	19 丁丑	20 戊寅	21 己卯	22 庚辰	23 辛巳	24 壬午
25 癸未	26 甲申	27 乙酉	28 丙戌	29 丁亥	30 戊子	31 己丑

2006년 1월

일	월	화	수	목	금	토
1 庚寅	2 辛卯	3 壬辰	4 癸巳	5 甲午	6 乙未	7 丙申
8 丁酉	9 戊戌	10 己亥	11 庚子	12 辛丑	13 壬寅	14 癸卯
15 甲辰	16 乙巳	17 丙午	18 丁未	19 戊申	20 己酉	21 庚戌
22 辛亥	23 壬子	24 癸丑	25 甲寅	26 乙卯	27 丙辰	28 丁巳
29 戊午	30 己未	31 庚申				

2월

일	월	화	수	목	금	토
			1 辛酉	2 壬戌	3 癸亥	4 甲子
5 乙丑	6 丙寅	7 丁卯	8 戊辰	9 己巳	10 庚午	11 辛未
12 壬申	13 癸酉	14 甲戌	15 乙亥	16 丙子	17 丁丑	18 戊寅
19 己卯	20 庚辰	21 辛巳	22 壬午	23 癸未	24 甲申	25 乙酉
26 丙戌	27 丁亥	28 戊子				

3월

일	월	화	수	목	금	토
			1 己丑	2 庚寅	3 辛卯	4 壬辰
5 癸巳	6 甲午	7 乙未	8 丙申	9 丁酉	10 戊戌	11 己亥
12 庚子	13 辛丑	14 壬寅	15 癸卯	16 甲辰	17 乙巳	18 丙午
19 丁未	20 戊申	21 己酉	22 庚戌	23 辛亥	24 壬子	25 癸丑
26 甲寅	27 乙卯	28 丙辰	29 丁巳	30 戊午	31 己未	

4월

일	월	화	수	목	금	토
						1 庚申
2 辛酉	3 壬戌	4 癸亥	5 甲子	6 乙丑	7 丙寅	8 丁卯
9 戊辰	10 己巳	11 庚午	12 辛未	13 壬申	14 癸酉	15 甲戌
16 乙亥	17 丙子	18 丁丑	19 戊寅	20 己卯	21 庚辰	22 辛巳
23 壬午	24 癸未	25 甲申	26 乙酉	27 丙戌	28 丁亥	29 戊子
30 乙丑						

5월

일	월	화	수	목	금	토
	1 庚寅	2 辛卯	3 壬辰	4 癸巳	5 甲午	6 乙未
7 丙申	8 丁酉	9 戊戌	10 己亥	11 庚子	12 辛丑	13 壬寅
14 癸卯	15 甲辰	16 乙巳	17 丙午	18 丁未	19 戊申	20 己酉
21 庚戌	22 辛亥	23 壬子	24 癸丑	25 甲寅	26 乙卯	27 丙辰
28 丁巳	29 戊午	30 己未	31 庚申			

6월

일	월	화	수	목	금	토
				1 辛酉	2 壬戌	3 癸亥
4 甲子	5 乙丑	6 丙寅	7 丁卯	8 戊辰	9 己巳	10 庚午
11 辛未	12 壬申	13 癸酉	14 甲戌	15 乙亥	16 丙子	17 丁丑
18 戊寅	19 己卯	20 庚辰	21 辛巳	22 壬午	23 癸未	24 甲申
25 乙酉	26 丙戌	27 丁亥	28 戊子	29 己丑	30 庚寅	

8월

2006년 7월

일	월	화	수	목	금	토
						1 辛卯
2 壬辰	3 癸巳	4 甲午	5 乙未	6 丙申	7 丁酉	8 戊戌
9 己亥	10 庚子	11 辛丑	12 壬寅	13 癸卯	14 甲辰	15 乙巳
16 丙午	17 丁未	18 戊申	19 己酉	20 庚戌	21 辛亥	22 壬子
23 癸丑	24 甲寅	25 乙卯	26 丙辰	27 丁巳	28 戊午	29 己未
30 庚申	31 辛酉					

8월

일	월	화	수	목	금	토
		1 壬戌	2 癸亥	3 甲子	4 乙丑	5 丙寅
6 丁卯	7 戊辰	8 己巳	9 庚午	10 辛未	11 壬申	12 癸酉
13 甲戌	14 乙亥	15 丙子	16 丁丑	17 戊寅	18 己卯	19 庚辰
20 辛巳	21 壬午	22 癸未	23 甲申	24 乙酉	25 丙戌	26 丁亥
27 戊子	28 己丑	29 庚寅	30 辛卯	31 壬辰		

9월

일	월	화	수	목	금	토
					1 戊子	2 己丑
3 庚寅	4 辛卯	5 壬辰	6 癸巳	7 甲午	8 乙未	9 丙申
10 丁酉	11 戊戌	12 己亥	13 庚子	14 辛丑	15 壬寅	16 癸卯
17 甲辰	18 乙巳	19 丙午	20 丁未	21 戊申	22 己酉	23 庚戌
24 辛亥	25 壬子	26 癸丑	27 甲寅	28 乙卯	29 丙辰	30 丁巳

10월

일	월	화	수	목	금	토
1 癸亥	2 甲子	3 乙丑	4 丙寅	5 丁卯	6 戊辰	7 己巳
8 庚午	9 辛未	10 壬申	11 癸酉	12 甲戌	13 乙亥	14 丙子
15 丁丑	16 戊寅	17 己卯	18 庚辰	19 辛巳	20 壬午	21 癸未
22 甲申	23 乙酉	24 丙戌	25 丁亥	26 戊子	27 己丑	28 庚寅
29 辛卯	30 壬辰	31 癸巳				

11월

일	월	화	수	목	금	토
			1 甲午	2 乙未	3 丙申	4 丁酉
5 戊戌	6 己亥	7 庚子	8 辛丑	9 壬寅	10 癸卯	11 甲辰
12 乙巳	13 丙午	14 丁未	15 戊申	16 己酉	17 庚戌	18 辛亥
19 壬子	20 癸丑	21 甲寅	22 乙卯	23 丙辰	24 丁巳	25 戊午
26 己未	27 庚申	28 辛酉	29 壬戌	30 癸亥		

12월

일	월	화	수	목	금	토
					1 甲子	2 乙丑
3 丙寅	4 丁卯	5 戊辰	6 己巳	7 庚午	8 辛未	9 壬申
10 癸酉	11 甲戌	12 乙亥	13 丙子	14 丁丑	15 戊寅	16 己卯
17 庚辰	18 辛巳	19 壬午	20 癸未	21 甲申	22 乙酉	23 丙戌
24 丁亥	25 戊子	26 己丑	27 庚寅	28 辛卯	29 壬辰	30 癸巳
31 甲午						

2007년 1월

일	월	화	수	목	금	토
						1 乙未
1 乙未	2 丙申	3 丁酉	4 戊戌	5 己亥	6 庚子
7 辛丑	8 壬寅	9 癸卯	10 甲辰	11 乙巳	12 丙午	13 丁未
14 戊申	15 己酉	16 庚戌	17 辛亥	18 壬子	19 癸丑	20 甲寅
21 乙卯	22 丙辰	23 丁巳	24 戊午	25 己未	26 庚申	27 辛酉
28 壬戌	29 癸亥	30 甲子	31 乙丑			

2월

일	월	화	수	목	금	토
				1 丙寅	2 丁卯	3 戊辰
4 己巳	5 庚午	6 辛未	7 壬申	8 癸酉	9 甲戌	10 乙亥
11 丙子	12 丁丑	13 戊寅	14 己卯	15 庚辰	16 辛巳	17 壬午
18 癸未	19 甲申	20 乙酉	21 丙戌	22 丁亥	23 戊子	24 己丑
25 丙寅	26 辛卯	27 壬辰	28 癸巳			

3월

일	월	화	수	목	금	토
				1 甲午	2 乙未	3 丙申
4 丁酉	5 戊戌	6 己亥	7 庚子	8 辛丑	9 壬寅	10 癸卯
11 甲辰	12 乙巳	13 丙午	14 丁未	15 戊申	16 己酉	17 庚戌
18 辛亥	19 壬子	20 癸丑	21 甲寅	22 乙卯	23 丙辰	24 丁巳
25 戊午	26 己未	27 庚申	28 辛酉	29 壬戌	30 癸亥	31 甲子

4월

일	월	화	수	목	금	토
1 乙丑	2 丙寅	3 丁卯	4 戊辰	5 己巳	6 庚午	7 辛未
8 壬申	9 癸酉	10 甲戌	11 乙亥	12 丙子	13 丁丑	14 戊寅
15 己卯	16 庚辰	17 辛巳	18 壬午	19 癸未	20 甲申	21 乙酉
22 丙戌	23 丁亥	24 戊子	25 己丑	26 庚寅	27 辛卯	28 壬辰
29 癸巳	30 甲午					

5월

일	월	화	수	목	금	토
		1 乙未	2 丙申	3 丁酉	4 戊戌	5 己亥
6 庚子	7 辛丑	8 壬寅	9 癸卯	10 甲辰	11 乙巳	12 丙午
13 丁未	14 戊申	15 己酉	16 庚戌	17 辛亥	18 壬子	19 癸丑
20 甲寅	21 乙卯	22 丙辰	23 丁巳	24 戊午	25 己未	26 庚申
27 辛酉	28 壬戌	29 癸亥	30 甲子	31 乙丑		

6월

일	월	화	수	목	금	토
					1 丙寅	2 丁卯
3 戊辰	4 己巳	5 庚午	6 辛未	7 壬申	8 癸酉	9 甲戌
10 乙亥	11 丙子	12 丁丑	13 戊寅	14 己卯	15 庚辰	16 辛巳
17 壬午	18 癸未	19 甲申	20 乙酉	21 丙戌	22 丁亥	23 戊子
24 己丑	25 庚寅	26 辛卯	27 壬辰	28 癸巳	29 甲午	30 乙未

2007년 7월

일	월	화	수	목	금	토
1 丙申	2 丁酉	3 戊戌	4 己亥	5 庚子	6 辛丑	7 壬寅
8 癸卯	9 甲辰	10 乙巳	11 丙午	12 丁未	13 戊申	14 己酉
15 庚戌	16 辛亥	17 壬子	18 癸丑	19 甲寅	20 乙卯	21 丙辰
22 丁巳	23 戊午	24 己未	25 庚申	26 辛酉	27 壬戌	28 癸亥
29 甲子	30 乙丑	31 丙寅				

8월

일	월	화	수	목	금	토
			1 丁卯	2 戊辰	3 己巳	4 庚午
5 辛未	6 壬申	7 癸酉	8 甲戌	9 乙亥	10 丙子	11 丁丑
12 戊寅	13 己卯	14 庚辰	15 辛巳	16 壬午	17 癸未	18 甲申
19 乙酉	20 丙戌	21 丁亥	22 戊子	23 己丑	24 庚寅	25 辛卯
26 壬辰	27 癸巳	28 甲午	29 乙未	30 丙申	31 丁酉	

9월

일	월	화	수	목	금	토
						1 戊戌
2 己亥	3 庚子	4 辛丑	5 壬寅	6 癸卯	7 甲辰	8 乙巳
9 丙午	10 丁未	11 戊申	12 己酉	13 庚戌	14 辛亥	15 壬子
16 癸丑	17 甲寅	18 乙卯	19 丙辰	20 丁巳	21 戊午	22 己未
23 庚申	24 辛酉	25 壬戌	26 癸亥	27 甲子	28 乙丑	29 丙寅
30 丁卯						

10월

일	월	화	수	목	금	토
	1 戊辰	2 己巳	3 庚午	4 辛未	5 壬申	6 癸酉
7 甲戌	8 乙亥	9 丙子	10 丁丑	11 戊寅	12 己卯	13 庚辰
14 辛巳	15 壬午	16 癸未	17 甲申	18 乙酉	19 丙戌	20 丁亥
21 戊子	22 己丑	23 庚寅	24 辛卯	25 壬辰	26 癸巳	27 甲午
28 乙未	29 丙申	30 丁酉	31 戊戌			

11월

일	월	화	수	목	금	토
				1 己亥	2 庚子	3 辛丑
4 壬寅	5 癸卯	6 甲辰	7 乙巳	8 丙午	9 丁未	10 戊申
11 己酉	12 庚戌	13 辛亥	14 壬子	15 癸丑	16 甲寅	17 乙卯
18 丙辰	19 丁巳	20 戊午	21 己未	22 庚申	23 辛酉	24 壬戌
25 癸亥	26 甲子	27 乙丑	28 丙寅	29 丁卯	30 戊辰	

12월

일	월	화	수	목	금	토
						1 己巳
2 庚午	3 辛未	4 壬申	5 癸酉	6 甲戌	7 乙亥	8 丙子
9 丁丑	10 戊寅	11 己卯	12 庚辰	13 辛巳	14 壬午	15 癸未
16 甲申	17 乙酉	18 丙戌	19 丁亥	20 戊子	21 己丑	22 庚寅
23 辛卯	24 壬辰	25 癸巳	26 甲午	27 乙未	28 丙申	29 丁酉
30 戊戌	31 己亥					

2008년 1월

일	월	화	수	목	금	토
		1 庚子	2 辛丑	3 壬寅	4 癸卯	5 甲辰
6 乙巳	7 丙午	8 丁未	9 戊申	10 己酉	11 庚戌	12 辛亥
13 壬子	14 癸丑	15 甲寅	16 乙卯	17 丙辰	18 丁巳	19 戊午
20 己未	21 庚申	22 辛酉	23 壬戌	24 癸亥	25 甲子	26 乙丑
27 丙寅	28 丁卯	29 戊辰	30 己巳	31 庚午		

2월

일	월	화	수	목	금	토
					1 辛未	2 壬申
3 癸酉	4 甲戌	5 乙亥	6 丙子	7 丁丑	8 戊寅	9 己卯
10 庚辰	11 辛巳	12 壬午	13 癸未	14 甲申	15 乙酉	16 丙戌
17 丁亥	18 戊子	19 己丑	20 丙寅	21 辛卯	22 壬辰	23 癸巳
24 甲午	25 乙未	26 丙申	27 丁酉	28 戊戌	29 己亥	

3월

일	월	화	수	목	금	토
						1 庚子
2 辛丑	3 壬寅	4 癸卯	5 甲辰	6 乙巳	7 丙午	8 丁未
9 戊申	10 己酉	11 庚戌	12 辛亥	13 壬子	14 癸丑	15 甲寅
16 乙卯	17 丙辰	18 丁巳	19 戊午	20 己未	21 庚申	22 辛酉
23 壬戌	24 癸亥	25 甲子	26 乙丑	27 丙寅	28 丁卯	29 戊辰
30 己巳	31 庚午					

4월

일	월	화	수	목	금	토
		1 辛未	2 壬申	3 癸酉	4 甲戌	5 乙亥
6 丙子	7 丁丑	8 戊寅	9 己卯	10 庚辰	11 辛巳	12 壬午
13 癸未	14 甲申	15 乙酉	16 丙戌	17 丁亥	18 戊子	19 己丑
20 庚寅	21 辛卯	22 壬辰	23 癸巳	24 甲午	25 乙未	26 丙申
27 丁酉	28 戊戌	29 己亥	30 庚子			

5월

일	월	화	수	목	금	토
				1 辛丑	2 壬寅	3 癸卯
4 甲辰	5 乙巳	6 丙午	7 丁未	8 戊申	9 己酉	10 庚戌
11 辛亥	12 壬子	13 癸丑	14 甲寅	15 乙卯	16 丙辰	17 丁巳
18 戊午	19 己未	20 庚申	21 辛酉	22 壬戌	23 癸亥	24 甲子
25 乙丑	26 丙寅	27 丁卯	28 戊辰	29 己巳	30 庚午	31 辛未

6월

일	월	화	수	목	금	토
1 壬申	2 癸酉	3 甲戌	4 乙亥	5 丙子	6 丁丑	7 戊寅
8 己卯	9 庚辰	10 辛巳	11 壬午	12 癸未	13 甲申	14 乙酉
15 丙戌	16 丁亥	17 戊子	18 己丑	19 庚寅	20 辛卯	21 壬辰
22 癸巳	23 甲午	24 乙未	25 丙申	26 丁酉	27 戊戌	28 己亥
29 庚子	30 辛丑					

2008년 7월

일	월	화	수	목	금	토
		1 壬寅	2 癸卯	3 甲辰	4 乙巳	5 丙午
6 丁未	7 戊申	8 己酉	9 庚戌	10 辛亥	11 壬子	12 癸丑
13 甲寅	14 乙卯	15 丙辰	16 丁巳	17 戊午	18 己未	19 庚申
20 辛酉	21 壬戌	22 癸亥	23 甲子	24 乙丑	25 丙寅	26 丁卯
27 戊辰	28 己巳	29 庚午	30 辛未	31 壬申		

8월

일	월	화	수	목	금	토
					1 癸酉	2 甲戌
3 乙亥	4 丙子	5 丁丑	6 戊寅	7 己卯	8 庚辰	9 辛巳
10 壬午	11 癸未	12 甲申	13 乙酉	14 丙戌	15 丁亥	16 戊子
17 己丑	18 庚寅	19 辛卯	20 壬辰	21 癸巳	22 甲午	23 乙未
24 丙申	25 丁酉	26 戊戌	27 己亥	28 庚子	29 辛丑	30 壬寅
31 癸卯						

9월

일	월	화	수	목	금	토
	1 甲辰	2 乙巳	3 丙午	4 丁未	5 戊申	6 己酉
7 庚戌	8 辛亥	9 壬子	10 癸丑	11 甲寅	12 乙卯	13 丙辰
14 丁巳	15 戊午	16 己未	17 庚申	18 辛酉	19 壬戌	20 癸亥
21 甲子	22 乙丑	23 丙寅	24 丁卯	25 戊辰	26 己巳	27 庚午
28 辛未	29 壬申	30 癸酉				

10월

일	월	화	수	목	금	토
			1 甲戌	2 乙亥	3 丙子	4 丁丑
5 戊寅	6 己卯	7 庚辰	8 辛巳	9 壬午	10 癸未	11 甲申
12 乙酉	13 丙戌	14 丁亥	15 戊子	16 己丑	17 庚寅	18 辛卯
19 壬辰	20 癸巳	21 甲午	22 乙未	23 丙申	24 丁酉	25 戊戌
26 己亥	27 庚子	28 辛丑	29 壬寅	30 癸卯	31 甲辰	

11월

일	월	화	수	목	금	토
						1 乙巳
2 丙午	3 丁未	4 戊申	5 己酉	6 庚戌	7 辛亥	8 壬子
9 癸丑	10 甲寅	11 乙卯	12 丙辰	13 丁巳	14 戊午	15 己未
16 庚申	17 辛酉	18 壬戌	19 癸亥	20 甲子	21 乙丑	22 丙寅
23 丁卯	24 戊辰	25 己巳	26 庚午	27 辛未	28 壬申	29 癸酉
30 甲戌						

12월

일	월	화	수	목	금	토
	1 乙亥	2 丙子	3 丁丑	4 戊寅	5 己卯	6 庚辰
7 辛巳	8 壬午	9 癸未	10 甲申	11 乙酉	12 丙戌	13 丁亥
14 戊子	15 己丑	16 庚寅	17 辛卯	18 壬辰	19 癸巳	20 甲午
21 乙未	22 丙申	23 丁酉	24 戊戌	25 己亥	26 庚子	27 辛丑
28 壬寅	29 癸卯	30 甲辰	31 乙巳			

2009년 1월

일	월	화	수	목	금	토
				1 丙午	2 丁未	3 戊申
4 己酉	5 庚戌	6 辛亥	7 壬子	8 癸丑	9 甲寅	10 乙卯
11 丙辰	12 丁巳	13 戊午	14 己未	15 庚申	16 辛酉	17 壬戌
18 癸亥	19 甲子	20 乙丑	21 丙寅	22 丁卯	23 戊辰	24 己巳
25 庚午	26 辛未	27 壬申	28 癸酉	29 甲戌	30 乙亥	31 丙子

2월

일	월	화	수	목	금	토
1 丁丑	2 戊寅	3 己卯	4 庚辰	5 辛巳	6 壬午	7 癸未
8 甲申	9 乙酉	10 丙戌	11 丁亥	12 戊子	13 己丑	14 丙寅
15 辛卯	16 壬辰	17 癸巳	18 甲午	19 乙未	20 丙申	21 丁酉
22 戊戌	23 己亥	24 甲子	25 辛丑	26 壬寅	27 癸卯	28 甲辰

3월

일	월	화	수	목	금	토
1 乙巳	2 丙午	3 丁未	4 戊申	5 己酉	6 庚戌	7 辛亥
8 壬子	9 癸丑	10 甲寅	11 乙卯	12 丙辰	13 丁巳	14 戊午
15 己未	16 庚申	17 辛酉	18 壬戌	19 癸亥	20 甲子	21 乙丑
22 丙寅	23 丁卯	24 戊辰	25 己巳	26 庚午	27 辛未	28 壬申
29 癸酉	30 甲戌	31 乙亥				

4월

일	월	화	수	목	금	토
			1 丙子	2 丁丑	3 戊寅	4 己卯
5 庚辰	6 辛巳	7 壬午	8 癸未	9 甲申	10 乙酉	11 丙戌
12 丁亥	13 戊子	14 己丑	15 庚寅	16 辛卯	17 壬辰	18 癸巳
19 甲午	20 乙未	21 丙申	22 丁酉	23 戊戌	24 己亥	25 庚子
26 辛丑	27 壬寅	28 癸卯	29 甲辰	30 乙巳		

5월

일	월	화	수	목	금	토
					1 丙午	2 丁未
3 戊申	4 己酉	5 庚戌	6 辛亥	7 壬子	8 癸丑	9 甲寅
10 乙卯	11 丙辰	12 丁巳	13 戊午	14 己未	15 庚申	16 辛酉
17 壬戌	18 癸亥	19 甲子	20 乙丑	21 丙寅	22 丁卯	23 戊辰
24 己巳	25 庚午	26 辛未	27 辛申	28 癸酉	29 甲戌	30 乙亥
31 丙子						

6월

일	월	화	수	목	금	토
	1 丁丑	2 戊寅	3 己卯	4 庚辰	5 辛巳	6 壬午
7 癸未	8 甲申	9 乙酉	10 丙戌	11 丁亥	12 戊子	13 己丑
14 庚寅	15 辛卯	16 壬辰	17 癸巳	18 甲午	19 乙未	20 丙申
21 丁酉	22 戊戌	23 己亥	24 庚子	25 辛丑	26 壬寅	27 癸卯
28 甲辰	29 乙巳	30 丙午				

2009년 7월

일	월	화	수	목	금	토
			1 丁未	2 戊申	3 己酉	4 庚戌
5 辛亥	6 壬子	7 癸丑	8 甲寅	9 乙卯	10 丙辰	11 丁巳
12 戊午	13 己未	14 庚申	15 辛酉	16 壬戌	17 癸亥	18 甲子
19 乙丑	20 丙寅	21 丁卯	22 戊辰	23 己巳	24 庚午	25 辛未
26 壬申	27 癸酉	28 甲戌	29 乙亥	30 丙子	31 丁丑	

8월

일	월	화	수	목	금	토
						1 戊寅
2 己卯	3 庚辰	4 辛巳	5 壬午	6 癸未	7 甲申	8 乙酉
9 丙戌	10 丁亥	11 戊子	12 己丑	13 庚寅	14 辛卯	15 壬辰
16 癸巳	17 甲午	18 乙未	19 丙申	20 丁酉	21 戊戌	22 己亥
23 庚子	24 辛丑	25 壬寅	26 癸卯	27 甲辰	28 乙巳	29 丙午
30 丁未	31 戊申					

9월

일	월	화	수	목	금	토
		1 己酉	2 庚戌	3 辛亥	4 壬子	5 癸丑
6 甲寅	7 乙卯	8 丙辰	9 丁巳	10 戊午	11 己未	12 庚申
13 辛酉	14 壬戌	15 癸亥	16 甲子	17 乙丑	18 丙寅	19 丁卯
20 戊辰	21 己巳	22 庚午	23 辛未	24 壬申	25 癸酉	26 甲戌
27 乙亥	28 丙子	29 丁丑	30 戊寅			

10월

일	월	화	수	목	금	토
				1 己卯	2 庚辰	3 辛巳
4 壬午	5 癸未	6 甲申	7 乙酉	8 丙戌	9 丁亥	10 戊子
11 己丑	12 庚寅	13 辛卯	14 壬辰	15 癸巳	16 甲午	17 乙未
18 丙申	19 丁酉	20 戊戌	21 己亥	22 庚子	23 辛丑	24 壬寅
25 癸卯	26 甲辰	27 乙巳	28 丙午	29 丁未	30 戊申	31 己酉

11월

일	월	화	수	목	금	토
1 庚戌	2 辛亥	3 壬子	4 癸丑	5 甲寅	6 乙卯	7 丙辰
8 丁巳	9 戊午	10 己未	11 庚申	12 辛酉	13 壬戌	14 癸亥
15 甲子	16 乙丑	17 丙寅	18 丁卯	19 戊辰	20 己巳	21 庚午
22 辛未	23 壬申	24 癸酉	25 甲戌	26 乙亥	27 丙子	28 丁丑
29 戊寅	30 己卯					

12월

일	월	화	수	목	금	토
		1 庚辰	2 辛巳	3 壬午	4 癸未	5 甲申
6 乙酉	7 丙戌	8 丁亥	9 戊子	10 己丑	11 庚寅	12 辛卯
13 壬辰	14 癸巳	15 甲午	16 乙未	17 丙申	18 丁酉	19 戊戌
20 己亥	21 庚子	22 辛丑	23 壬寅	24 癸卯	25 甲辰	26 乙巳
27 丙午	28 丁未	29 戊申	30 己酉	31 庚戌		

2010년 1월

일	월	화	수	목	금	토
					1 辛亥	2 壬子
3 癸丑	4 甲寅	5 乙卯	6 丙辰	7 丁巳	8 戊午	9 己未
10 庚申	11 辛酉	12 壬戌	13 癸亥	14 甲子	15 乙丑	16 丙寅
17 丁卯	18 戊辰	19 己巳	20 庚午	21 辛未	22 壬申	23 癸酉
24 甲戌	25 乙亥	26 丙子	27 丁丑	28 戊寅	29 己卯	30 庚辰
31 辛巳						

2월

일	월	화	수	목	금	토
	1 壬午	2 癸未	3 甲申	4 乙酉	5 丙戌	6 丁亥
7 戊子	8 己丑	9 丙寅	10 辛卯	11 壬辰	12 癸巳	13 甲午
14 乙未	15 丙申	16 丁酉	17 戊戌	18 己亥	19 甲子	20 辛丑
21 壬寅	22 癸卯	23 甲辰	24 乙巳	25 丙午	26 丁未	27 戊申
28 乙酉						

3월

일	월	화	수	목	금	토
	1 庚戌	2 辛亥	3 壬子	4 癸丑	5 甲寅	6 乙卯
7 丙辰	8 丁巳	9 戊午	10 己未	11 庚申	12 辛酉	13 壬戌
14 癸亥	15 甲子	16 乙丑	17 丙寅	18 丁卯	19 戊辰	20 己巳
21 庚午	22 辛未	23 壬申	24 癸酉	25 甲戌	26 乙亥	27 丙子
28 丁丑	29 戊寅	30 己卯	31 庚辰			

4월

일	월	화	수	목	금	토
				1 辛巳	2 壬午	3 癸未
4 甲申	5 乙酉	6 丙戌	7 丁亥	8 戊子	9 己丑	10 庚寅
11 辛卯	12 壬辰	13 癸巳	14 甲午	15 乙未	16 丙申	17 丁酉
18 戊戌	19 己亥	20 庚子	21 辛丑	22 壬寅	23 癸卯	24 甲辰
25 乙巳	26 丙午	27 丁未	28 戊申	29 己酉	30 庚戌	

5월

일	월	화	수	목	금	토
						1 辛亥
2 壬子	3 癸丑	4 甲寅	5 乙卯	6 丙辰	7 丁巳	8 戊午
9 己未	10 庚申	11 辛酉	12 壬戌	13 癸亥	14 甲子	15 乙丑
16 丙寅	17 丁卯	18 戊辰	19 己巳	20 庚午	21 辛未	22 辛申
23 癸酉	24 甲戌	25 乙亥	26 丙子	27 丁丑	28 戊寅	29 己卯
30 庚辰	31 辛巳					

6월

일	월	화	수	목	금	토
		1 壬午	2 癸未	3 甲申	4 乙酉	5 丙戌
6 丁亥	7 戊子	8 己丑	9 庚寅	10 辛卯	11 壬辰	12 癸巳
13 甲午	14 乙未	15 丙申	16 丁酉	17 戊戌	18 己亥	19 庚子
20 辛丑	21 壬寅	22 癸卯	23 甲辰	24 乙巳	25 丙午	26 丁未
27 戊申	28 己酉	29 庚戌	30 辛亥			

2010년 7월

일	월	화	수	목	금	토
				1 壬子	2 癸丑	3 甲寅
4 乙卯	5 丙辰	6 丁巳	7 戊午	8 己未	9 庚申	10 辛酉
11 壬戌	12 癸亥	13 甲子	14 乙丑	15 丙寅	16 丁卯	17 戊辰
18 己巳	19 庚午	20 辛未	21 壬申	22 癸酉	23 甲戌	24 乙亥
25 丙子	26 丁丑	27 戊寅	28 己卯	29 庚辰	30 辛巳	31 壬午

8월

일	월	화	수	목	금	토
1 癸未	2 甲申	3 乙酉	4 丙戌	5 丁亥	6 戊子	7 己丑
8 庚寅	9 辛卯	10 壬辰	11 癸巳	12 甲午	13 乙未	14 丙申
15 丁酉	16 戊戌	17 己亥	18 庚子	19 辛丑	20 壬寅	21 癸卯
22 甲辰	23 乙巳	24 丙午	25 丁未	26 戊申	27 己酉	28 庚戌
29 辛亥	30 壬子	31 癸丑				

9월

일	월	화	수	목	금	토
			1 甲寅	2 乙卯	3 丙辰	4 丁巳
5 戊午	6 己未	7 庚申	8 辛酉	9 壬戌	10 癸亥	11 甲子
12 乙丑	13 丙寅	14 丁卯	15 戊辰	16 己巳	17 庚午	18 辛未
19 壬申	20 癸酉	21 甲戌	22 乙亥	23 丙子	24 丁丑	25 戊寅
26 己卯	27 庚辰	28 辛巳	29 壬午	30 癸未		

10월

일	월	화	수	목	금	토
					1 甲申	2 乙酉
3 丙戌	4 丁亥	5 戊子	6 己丑	7 庚寅	8 辛卯	9 壬辰
10 癸巳	11 甲午	12 乙未	13 丙申	14 丁酉	15 戊戌	16 己亥
17 庚子	18 辛丑	19 壬寅	20 癸卯	21 甲辰	22 乙巳	23 丙午
24 丁未	25 戊申	26 己酉	27 庚戌	28 辛亥	29 壬子	30 癸丑
31 甲寅						

11월

일	월	화	수	목	금	토
	1 乙卯	2 丙辰	3 丁巳	4 戊午	5 己未	6 庚申
7 辛酉	8 壬戌	9 癸亥	10 甲子	11 乙丑	12 丙寅	13 丁卯
14 戊辰	15 己巳	16 庚午	17 辛未	18 壬申	19 癸酉	20 甲戌
21 乙亥	22 丙子	23 丁丑	24 戊寅	25 己卯	26 庚辰	27 辛巳
28 壬午	29 癸未	30 甲申				

12월

일	월	화	수	목	금	토
			1 乙酉	2 丙戌	3 丁亥	4 戊子
5 己丑	6 庚寅	7 辛卯	8 壬辰	9 癸巳	10 甲午	11 乙未
12 丙申	13 丁酉	14 戊戌	15 己亥	16 庚子	17 辛丑	18 壬寅
19 癸卯	20 甲辰	21 乙巳	22 丙午	23 丁未	24 戊申	25 己酉
26 庚戌	27 辛亥	28 壬子	29 癸丑	30 甲寅	31 乙卯	

하루 운수표

간지 (干支)	휴문 (休門)		생문 (生門)		개문 (開門)		개점, 개수, 개축, 결혼운 · 애정운
갑자 (甲子)	북	남	북동	남서	서북	동남	개점에 좋은 날, 점포의 개수, 개축에 적합, 결혼 · 애정운 길
을축 (乙丑)	북	남	북동	남서	서북	동남	보통
병인 (丙寅)	북	남	북동	남서	서북	동남	보통
정묘 (丁卯)	남서	북동	서	동	남	북	보통
무진 (戊辰)	남서	북동	서	동	남	북	이전, 지신제, 개축, 수리 피한다. 결혼 · 애정운도 좋지 않다
기사 (己巳)	남서	북동	서	동	남	북	이전, 지신제, 상량식, 개점에 좋다. 결혼 · 애정운 길
경오 (庚午)	동	서	동남	서북	북동	남서	보통
신미 (辛未)	동	서	동남	서북	북동	남서	보통
임신 (壬申)	동	서	동남	서북	북동	남서	지신제는 좋지만 다른 행사는 좋지 않다.
계유 (癸酉)	동남	서북	남	북	동	서	모두 좋지 않아 다른 날을 택하도록 한다.
갑술 (甲戌)	동남	서북	남	북	동	서	지신제, 상량식, 개점은 좋다. 여인이 주인일 때는 좋지 않다.
을해 (乙亥)	동남	서북	남	북	동	서	지신제, 상량식, 개점은 좋다. 특히 남향의 개점에 좋다.
병자 (丙子)	서북	동남	북	남	서	동	이사할 때는 괜찮다. 개축, 수리, 상량식은 좋지 않다.
정축 (丁丑)	서북	동남	북	남	서	동	이전, 상량식, 개점, 결혼 · 애정운 좋다.
무인 (戊寅)	서북	동남	북	남	서	동	다른 날을 택한다.
기묘 (己卯)	서	동	서북	동남	동서	북동	이사는 괜찮다.
병진 (丙辰)	서	동	서북	동남	동서	북동	이전, 상량식, 개축, 수리, 개점, 결혼 · 애정운 길. 지신제 불가
신사 (辛巳)	서	동	서북	동남	동서	북동	이전, 상량, 증개축, 개수, 결혼 · 애정운 좋다.
임오 (壬午)	북동	남서	동	서	북	남	이전, 지신제, 상량식, 개점, 결혼 · 애정운 좋다.

간지 (干支)	휴문 (休門)		생문 (生門)		개문 (開門)		개점, 개수, 개축, 결혼운·애정운
계미 (癸未)	북동	남서	동	서	북	남	보통
갑신 (甲申)	북동	남서	동	서	북	남	이전, 지신제, 상량 좋다. 입주와 추분일 때는 하지 않는다.
을유 (乙酉)	남	북	남서	북동	동남	서북	길일
병술 (丙戌)	남	북	남서	북동	동남	서북	이전, 개축, 수리, 상량, 개점, 결혼·애정운 좋지 않다.
정해 (丁亥)	남	북	남서	북동	동남	서북	이전, 상량은 괜찮다.
무자 (戊子)	북	남	북동	남서	서북	동남	이전은 괜찮다. 개축, 수리, 상량은 하지 않는 것이 좋다.
기축 (己丑)	북	남	북동	남서	서북	동남	이전은 괜찮다.
경인 (庚寅)	북	남	북동	남서	서북	동남	보통
신묘 (辛卯)	남서	북동	서	동	남	북	이전은 괜찮다.
임진 (壬辰)	남서	북동	서	동	남	북	보통
계사 (癸巳)	남서	북동	서	동	남	북	보통
갑오 (甲午)	동	서	동남	서북	북동	남서	보통
을미 (乙未)	동	서	동남	서북	북동	남서	보통
병신 (丙申)	동	서	동남	서북	북동	남서	이전, 지신제, 상량식, 개점, 결혼·애정운 좋다.
정유 (丁酉)	동남	서북	남	북	동	서	이전, 지신제, 상량식, 개점, 결혼·애정운 좋다.
무술 (戊戌)	동남	서북	남	북	동	서	다른 날을 택한다.
기해 (己亥)	동남	서북	남	북	동	서	보통
경자 (庚子)	서북	동남	북	남	서	동	다른 날을 택한다.
신축 (辛丑)	서북	동남	북	남	서	동	이전, 개축, 상량식, 결혼·애정운 괜찮다.
임인 (壬寅)	서북	동남	북	남	서	동	보통

간지 (干支)	휴문 (休門)		생문 (生門)		개문 (開門)		개점, 개수, 개축, 결혼운 · 애정운
계묘 (癸卯)	서	동	서북	동남	남서	북동	이전, 개축, 수리, 상량식 괜찮다. 지신제는 좋지 않다.
갑진 (甲辰)	서	동	서북	동남	남서	북동	보통
을사 (乙巳)	서	동	서북	동남	남서	북동	개축, 수리, 결혼 · 애정운 괜찮다.
병오 (丙午)	북동	남서	동	서	북	남	보통
정미 (丁未)	북동	남서	동	서	북	남	이전, 새로 시작하는 것은 괜찮다.
무신 (戊申)	북동	남서	동	서	북	남	이전, 지신제, 개점, 결혼 · 애정운 좋다.
기유 (己酉)	남	북	남서	북동	동남	서북	지신제, 상량식 괜찮다.
경술 (庚戌)	남	북	남서	북동	동남	서북	다른 날을 택한다.
신해 (辛亥)	남	북	남서	북동	동남	서북	보통
임자 (壬子)	북	남	북동	남서	서북	동남	보통
계축 (癸丑)	북	남	북동	남서	서북	동남	보통
갑인 (甲寅)	북	남	북동	남서	서북	동남	이전을 해서 새로 시작하는 것은 좋다.
을묘 (乙卯)	남서	북동	서	동	남	북	이전, 지신제, 상량식, 개점, 결혼 · 애정운 좋다.
병진 (丙辰)	남서	북동	서	동	남	북	지신제, 상량식은 좋지 않다.
정사 (丁巳)	남서	북동	서	동	남	북	이전, 개축, 수리, 상량식, 결혼 · 애정운 괜찮다.
무오 (戊午)	동	서	동남	서북	북동	남서	이전, 개축, 수리, 상량식, 결혼 · 애정운 괜찮다.
기미 (己未)	동	서	동남	서북	북동	남서	이전, 지신제, 상량식, 개점, 결혼 · 애정운 좋다. 지신제 특
경신 (庚申)	동	서	동남	서북	북동	남서	이전을 하여 새로 시작하는 것이 좋다.
신유 (辛酉)	동남	서북	남	북	동	서	이전, 지신제, 상량식, 개점에 좋다. 특히 지신제에 좋다.
임술 (壬戌)	동남	서북	남	북	동	서	이전, 상량, 개축, 수리 좋다. 지신제는 좋지 않다.
계해 (癸亥)	동남	서북	남	북	동	서	다른 좋은 날을 택한다.